사랑으로 띄운 엽서

/할머니의 손주 사랑 이야기/

글·그림 전정숙

쿰란출판사

머리말

내가 쓴 엽서가 이렇게 책이 되어 나올 줄은 꿈에도 생각 못했다.

2020년 9월 17일 가슴을 30cm 절개하여 심장판막 교체 수술과 부정맥 수술을 한꺼번에 했던 나는 중환자실에서 3일간 깨어나지 못한 상태였고 깨어나서도 계속 중환자실에서 병실로 옮기기가 쉽지 않은 어려운 상황이었다.

그때 우리 딸은 많이 울었다고 한다. 이모와 함께 내가 잘못될까봐. "두려워하지 말라 내가 너와 함께 함이라 놀라지 말라 나는 너의 하나님이 됨이라 내가 너를 굳세게 하리라 참으로 너를 도와 주리라 참으로 나의 의로운 오른손으로 너를 붙들리라" 이사야 41장 10절 말씀이 영화 필름처럼 화면에 찍히면서 혼수상태였던 나는 삶과 죽음의 갈림길에서 하나님의 전적인 은혜로 깨어나기 시작하였다.

점점 회복되어 다시 집중치료실로 옮겨지고 그곳에서 며칠 치료하다 일반 병실로 옮겨 치료하게 되었다. 퇴원 후에도 절개한 가슴의 상처 때문에 너무나도 아파서 아무것도 할 수 없는 상태였다. 그런데다 산소 호흡기를 목 깊숙이 꽂아서인지 목소리조차 나오지 않아 말도 제대로 할 수 없었다.

한 달 가고 두 달 가고 석 달이 지나서야 겨우 거실에서 조금씩 천천히 걷는 연습을 하여 어느 정도 혼자서도 걸을 수 있게 되자 '살았구나!' 하는 생각과 함께 보고 싶은 사람들이 하나둘 떠오르는데 손주들이 생각나고 보고 싶었다.

그런데 코로나 때문에 누구도 우리 집에 올 수가 없었다. 그래서 그 보고 싶은 마음을 순간순간 엽서에 써서 모아두었던 것이다. 코로나로 아이들이 학교에 나가지 못했기 때문에 엽서를 학교에 보내도 받아 볼 수가 없었다. 엽서는 수술 6개월쯤 되어 상처가 좀 나아졌을 때부터 쓰기 시작한 글이다.

내게는 다섯 손자가 있다. 친손자 서경민, 서영민, 서장민, 그리고 외손자 최유인, 최유민 모두 남자아이들이다. 그런데 그중에서 엽서에 '사랑하는 내 손주 영민아'라고 한 데에는 이유가 있다. 영민이는 둘째 손자인데 네 살, 다섯 살이 되어도 말문이 터지지 않아 우리가 얼마나 많은 기도와 눈물로 하나님께 부르짖었는지 모른다.

새벽기도 가서 소리소리 지르며 울고 또 울부짖으며 간절히 간절히 기도하며, 여기저기 치료하는 센터에도 많이 가보고 그러다 마침 우리 영민이 같은 아이가 치료됐다는 소문을 듣고 그곳에 날마다 다니며 인지, 언어치료 등 복합적으로 치료를 하게 되었다.

여섯 살이 되자 쉬운 말, 받침 없는 말을 발음하게 되어 우리는 그것조차도 너무나 반가워 희망을 갖고 그곳에서 지속적으로 집중치료를 하게 되었다. 그 결과 이제 말을 하게 되어 얼마나 기뻤는지 모른다. 초등학교도 더 늦게 보낼까 했는데 일곱 살 때 국어와 수학책을 구입해서 글자와 숫자를 가르쳤더니 영민이는 제법 잘 따라 하는 것이다. 특히 수 개념과 암산 능력이 내가 보기에도 아주 괜찮았다.

그 또한 내가 초등학교 교사 출신이었기에 가능한 일이었다. 영민이는 말과 글자와 숫자를 잘 따라 하였고 제 나이에 초등학교를 보낼 수 있게 되었다. 얼마나 기쁘고 감사했는지 모른다. 그동안 많이도 울었고 많이도 하나님께 부르짖었고 비용도 많이 들었던 것이다. 이제는 초등학교에 들어가서 친구들과 어울리고 의사 소통도 잘 되고 얼마나 핸섬하고 키도 크고 예쁘게 잘 자랐는지 모른다.

아! 모두가 하나님의 은혜였다. 그래서 다섯 손자들 중에 유난히 이 영민이를 가슴에 품고 기도했기에 엽서에 '사랑하는 내 손주 영민아'로 정했던 것이다. 다른 손자들도 똑같이 사랑하지만 몇 년을 품고 기도했던 손자였기에 그 대상을 영민이라고 할 수밖에 없었다.

특별히 나는 우리 교회에서 장애인 사랑부를 맡아 사역하고 있다. 장애가 얼마나 아픈 손가락인지 알고 있기에 더욱 영민이에게 마음이 쓰였던 것이다. 내 가슴속에 늘 우리 영민이가 자리 잡고 있었다. 영민이가 초등학교 저학년이다 보니 어떻게 하면 영민이가 이해할 수 있을까 생각하며 될 수 있는 대로 쉬운 말을 쓰려고 애썼고 쓰면서도 이해하기 쉽게 그림까지 그렸던 것이다.

그렇다고 그림 공부나 글쓰기 공부를 따로 한 것은 아니다. 그저 서툴지만 학교 다닐 때 배운 실력으로 하다 보니 어색하기도 한 부분이 많이 있다. 그럴지라도 우리 영민이가 보고 싶고 생각날 때마다 엽서에 글을 쓰게 되었고 아름다운 풍경이나 인상 깊었던 사진들을 그림으로 그려 넣게 된 것이 이렇게 많은 엽서가 모아진 것이다. 정말이지 내 모든 것이 드러난 듯 부끄럽고 얼굴이 화끈거린다. 이럴 줄 알았으면 좀더 잘 쓸걸.

제 책을 읽어주신 모든 분들게 감사드리며 하나님께서 언제나 함께 하시길 기도드린다. 수술 부위의 아픈 상처 중에도 글과 그림과 글씨를 쓸 수 있도록 건강 주신 하나님께 감사드리며 이 모든 영광 하나님께 올려 드린다.

책을 출판해주신 쿰란출판사 대표 이형규 장로님께 감사드린다. 끝으로 수술 후 퇴원하여 내가 아무것도 할 수 없을 때 남편 서광수 장로의 지극한 간호와 정성으로 이만큼 살 수 있게 되었는데, 지금도 집안일을 하시는 장로님께 감사드린다.

2025년 12월

전 정 숙

(새에덴교회 장애인 사랑부 담당 사역자)

차례

2022년

2023년

2021년

우 편 엽 서

보내는 사람

우리 영민이를 사랑하는

할머니 전정숙

받는 사람 서 영 민

용인시 수지구 죽전동

대청 초등학교 2학년 4반

경옥고

(경옥고) 사랑하는 내 손주 영민아!!!
할머니가 심장판막 수술한 지 5개월째.
내가 수술했다는 말을 듣고 미국에
사는 홍성준 목사가 나에게 경옥고를
사서 보내주었다. 홍성준 목사는
광주 자원교회 있을 때 내가 아들처럼
사랑했던 목사님이다.
한국에 올 일이 있어서 왔다가
나를 만난 후 미국 들어갔는데
미국 가면서 한국에 있는 한의사에게
특별 부탁했다는 경옥고!!!
얼마나 감사하든지. 나 수술했다고 이렇게
신경 써 준 사람이 있다는게 너무나도
행복하고 가슴 뿌듯하다.

2

사위 박사학위

2021. 2. 23 사랑하는 내 손주 영민아!!!
오늘은 고모부가 연세대학교 박사학위
받는 날이다. 할머니가 수술한지 5개월
정도 됐는데도 지금까지 외출을 하지
못하고 있었다. 그런데 하나뿐인
사위 졸업식에 꼭 가봐야겠다는
생각이 들어서 분당에서 버스와 택시를
타고 약속한 곳으로 가서 고모부를 만났다
무척 반갑고 자랑스럽더구나
마침 그때 유인이형네랑 만나서
맘껏 사진도 찍고 맛있는 점심도 먹고.....
참 즐거운 하루였다.

3

어린이날

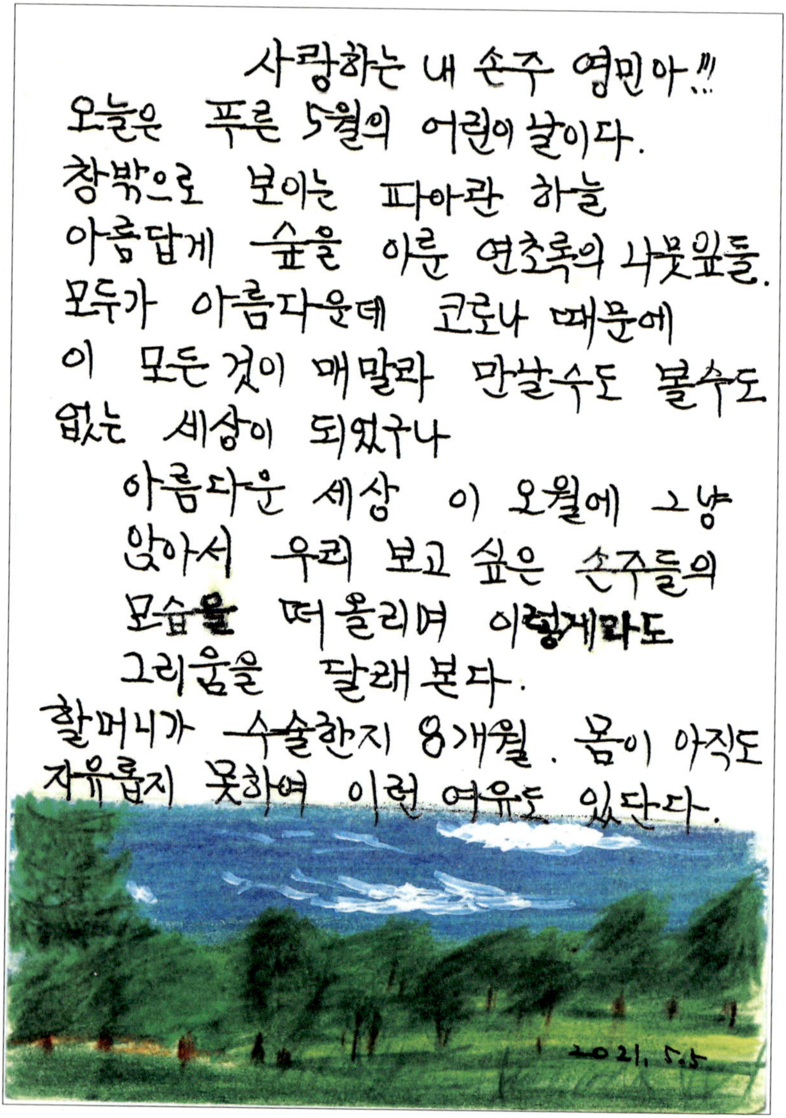

사랑하는 내 손주 영민아!!!
오늘은 푸른 5월의 어린이 날이다.
창밖으로 보이는 파아란 하늘
아름답게 숲을 이룬 연초록의 나뭇잎들.
모두가 아름다운데 코로나 때문에
이 모든것이 매말라 만날수도 볼수도
없는 세상이 되었구나
아름다운 세상 이 오월에 그냥
앉아서 우리 보고 싶은 손주들의
모습을 떠올리며 이렇게라도
그리움을 달래 본다.
할머니가 수술한지 8개월. 몸이 아직도
자유롭지 못하여 이런 여유도 있단다.

2021. 5. 5

4

그리움

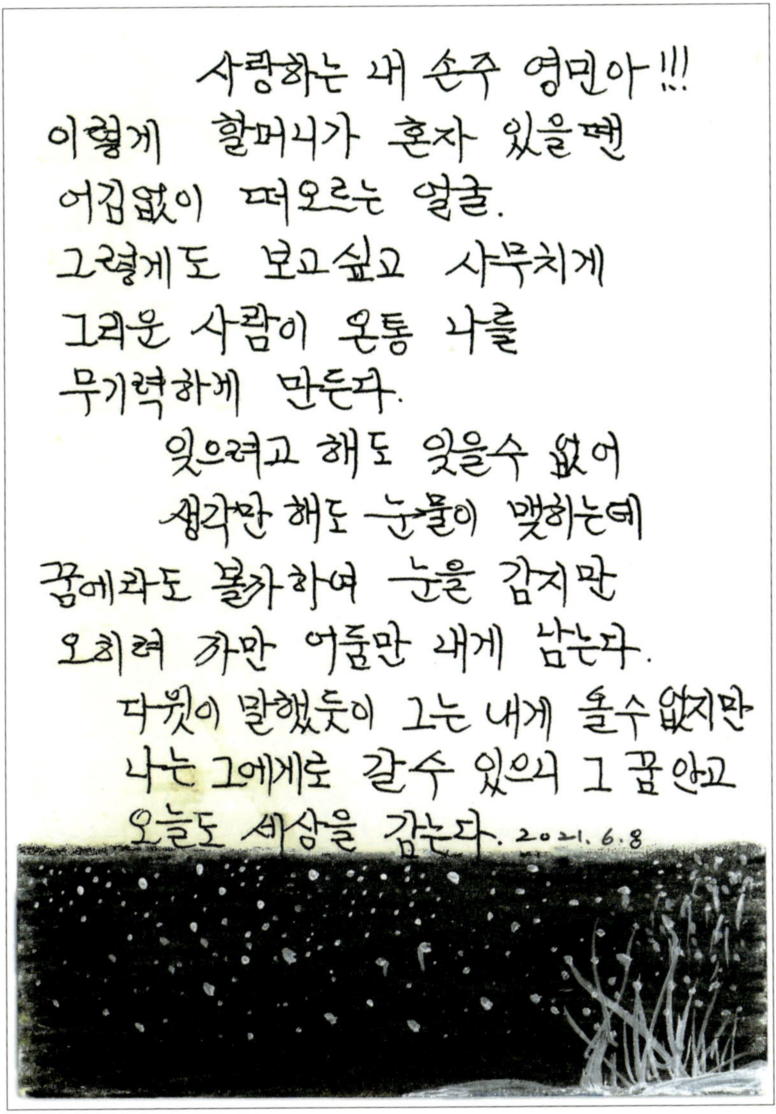
사랑하는 내 손주 영민아!!!
이렇게 할머니가 혼자 있을땐
어김없이 떠오르는 얼굴.
그렇게도 보고싶고 사무치게
그리운 사람이 온통 나를
무기력하게 만든다.
잊으려고 해도 잊을수 없어
생각만 해도 눈물이 맺히는데
꿈에라도 볼까하여 눈을 감지만
오히려 까만 어둠만 내게 남는다.
다윗이 말했듯이 그는 내게 올수 없지만
나는 그에게로 갈수 있으니 그 꿈 안고
오늘도 세상을 감는다. 2021. 6. 8

5

코로나 확진자 1,316명

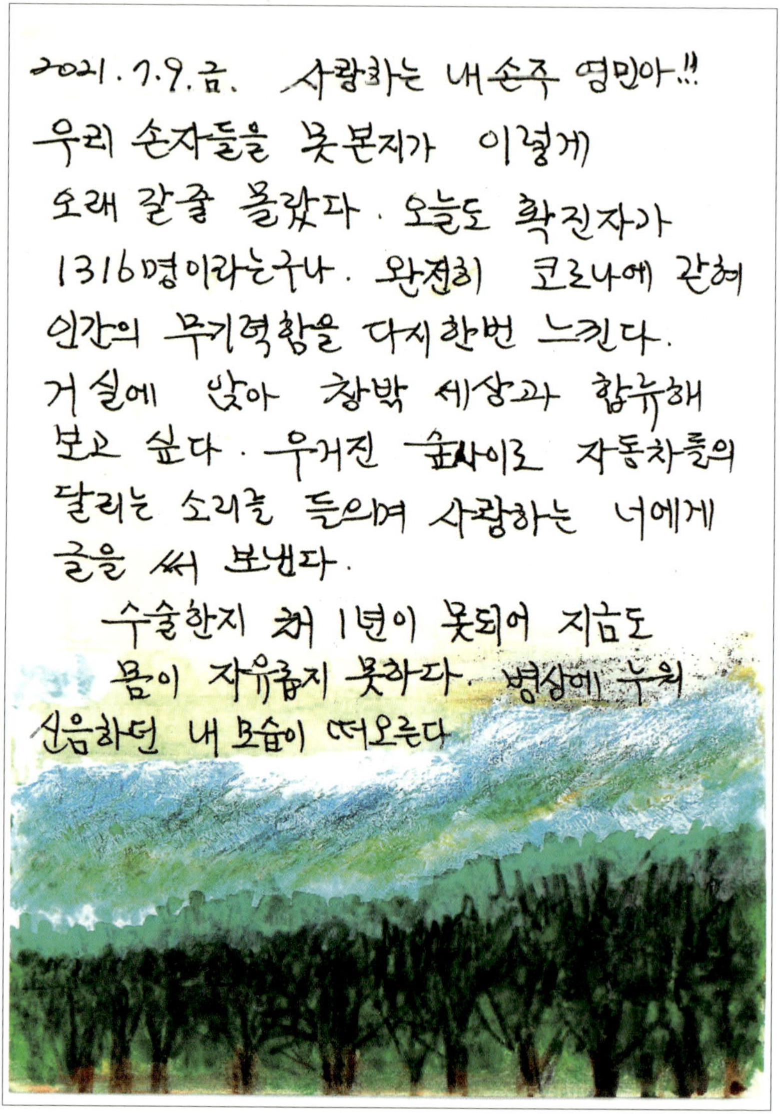
2021. 7. 9. 금. 사랑하는 내 손주 영민아!!
우리 손자들을 못 본지가 이렇게
오래 갈 줄 몰랐다. 오늘도 확진자가
1316명이라는구나. 완전히 코로나에 갇혀
인간의 무기력함을 다시 한번 느낀다.
거실에 앉아 창밖 세상과 합류해
보고 싶다. 우거진 숲사이로 자동차들의
달리는 소리를 들으며 사랑하는 너에게
글을 써 보낸다.
수술한지 채 1년이 못되어 지금도
몸이 자유롭지 못하다. 병상에 누워
신음하던 내 모습이 떠오른다

6

로마 감옥의 사도 바울

사랑하는 영민아!!!

오늘은 특별 저녁기도회를 하는 첫날이다

에베소서 말씀을 하시는데 사도바울이
죽음을 앞두고 감옥에서 쓴 편지란다.

에베소는 지금의 터키 히에라볼리
라오디게아 지역이다. 성지순례 갔을때
그곳을 보았다.

바울이 가장 오래 머물면서 사역했던
곳이라고 한다.

밀레도에서 고별 설교를 하고 로마 감옥에서
편지를 쓰고 있단다. 우리도 지금 코로나
감옥에 갇혀 있지 않니.

2021. 7. 12. 월

7

운동

사랑하는 내 손주 영민아!!!
수술후 할머니가 운동하는 곳이다.
탄천 위에 이렇게 많은 운동 기구가
있다. 그런데 처음 몇달은 겨우
걸었기에 운동은 할 수가 없었거든.
수술 10개월째 되니까 이런 운동기구를
의지하며 조금씩 조금씩 할수 있었다.
걷기 운동과 함께 날마다 이렇게
운동을 하다 보니 몸이 많이 회복 되었단다.
처음에는 한가지도 할수 없었는데
모두가 하나님의 은혜다
2021.10.5

8

매미

사랑하는 내손주 영민아!!!

할머니가 맘이 아파 슬퍼할때
매미가 창문에 앉아
대신 울어 주었다.
맴~ 맴~ 저렇게 힘껏 울수 있는
매미가 부러웠다
나도 저렇게 목놓아 울고 싶은데
가슴으로 울음을 삼킨다.
매미의 구슬픈 울음에 내 아픔이
녹아 내리듯… 한여름 울기 위해
7년을 기다린 매미! 살아 있음을
황홀하게 장식하는 매미를 본다.

대청초등학교

사랑하는 내손주 영민아!!!

오늘은 문득 영민이 네가 다니는
대청초등학교에 가보고 싶은 생각이 나서
마금역에서 39번 버스를 타고 너희 학교
근처에서 내려서 학교에 들어가 봤다.

아이들은 하나 없고 텅빈 운동장에 서서
학교를 쳐다 보는데 우리 경민이,
영민이가 저곳에서 공부하겠구나
생각하니 가슴이 뭉클 하더라. 혼자서
그렇게 서 있는데 나의 교사시절이 생각나더구나.
우리 손주들을 만났으면 좋았을텐데……

2021. 9. 2.

10

COVID-19

사랑하는 영민아!!!

1943명! 2021. 9. 16.

코로나가 시작되면서 어느때부턴가
확진자 수를 기록하게 되었다.
여전히 줄어들지 않는 숫자.
지난 1년여 동안 이 코로나에 갇혀
살면서 많은 일상들이 변했다.
모슬렘 여자들이 눈만 내놓고 얼굴을 가리는
모습이 나는 참 이해하기 어려웠는데
어느덧 우리가 마스크로 얼굴을 가린채
눈만 보인다. 마스크 너머의 얼굴표정을
읽을수가 없고 모두가 무표정인듯 거리에는
웃음소리가 사라져 갔다.

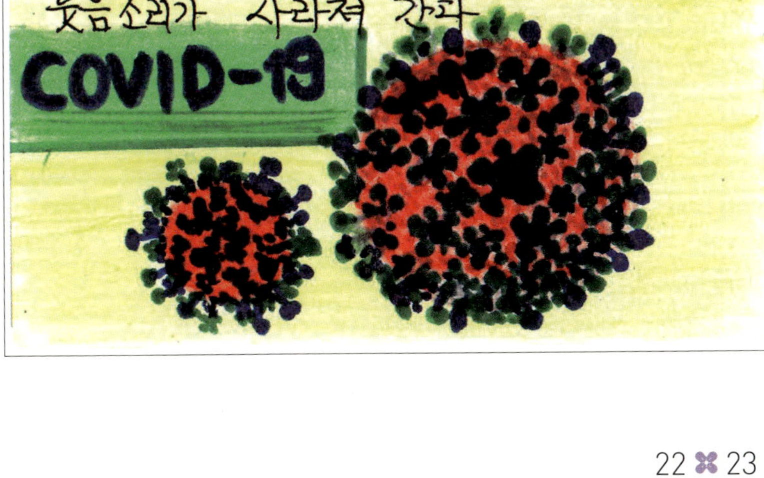

11

수술하던 날

2021.9.17 사랑하는 내 손주 영민아!!
1년전 오늘! 할머니가 수술하던 날,
전날 밤부터 금식하고 모든 몸상태를
다시 체크하고 혈소판이 부족하다고
혈액 4개를 맞으며 병실에서
수술 시간을 기다렸던 1년 전의 오늘.
그날 할아버지, 아빠, 고모부가
차례로 오셔서 하나님께 힘껏
기도해 주셨다. 이제 모든 것은 하나님께
있으니 다 맡기고 수술 시간을 기다렸던
그 날, 창너머로 보이는 자동차들은
미끄러지듯 달리고, 줄지어 서있는 마로니에도
소리 없이 보고 있었다.

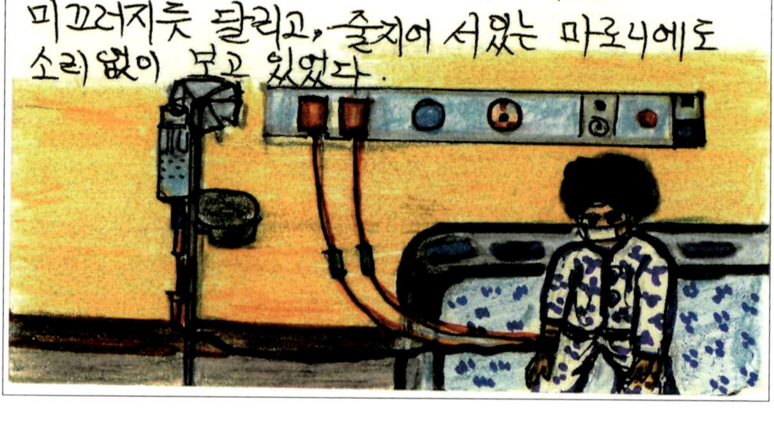

12

어머니

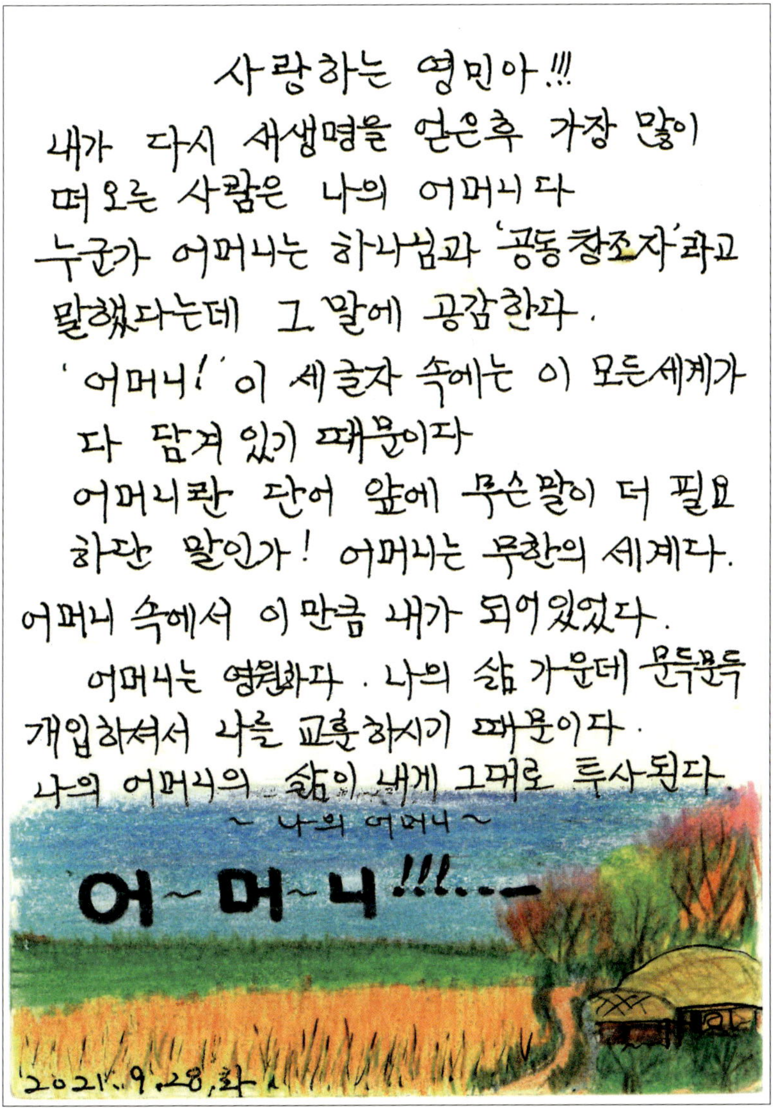
사랑하는 영민아!!!
내가 다시 새생명을 얻은후 가장 많이
떠오는 사람은 나의 어머니다
누군가 어머니는 하나님과 '공동창조자'라고
말했다는데 그 말에 공감한다.
'어머니!' 이 세글자 속에는 이 모든세계가
다 담겨 있기 때문이다
어머니란 단어 앞에 무슨말이 더 필요
하단 말인가! 어머니는 무한의 세계다.
어머니 속에서 이만큼 내가 되어있었다.
어머니는 영원하다. 나의 삶 가운데 문득문득
개입하셔서 나를 교훈하시기 때문이다.
나의 어머니의 삶이 내게 그대로 투사된다.
~ 나의 어머니 ~
어~머~니!!!...
2021.9.28.화

13

코로나 3,273명

2021.9.25. 사랑하는 내손주 영민아!!!
오늘은 코로나 확진자가 3273명.
지금까지는 이천명대였는데 형체도 없고
보이지도 않는 이 바이러스가 우리의 일상을
이토록 참혹하게 할줄 몰랐다.
작년 2월 처음 '우환 코로나'가 발생했다는
뉴스를 보고 저게 무슨 말인가 했는데
중국의 공식적인 반발로 이제는 코로나 19로
말한다. 코로나 19는 무섭게 퍼져나가
모든 지구가 마비될 상태에 이르렀다.
그래서 백신을 개발해 우리나라도 모더나.
화이자. 아스트라제네카 등이 공급되어
접종하게 되었다.

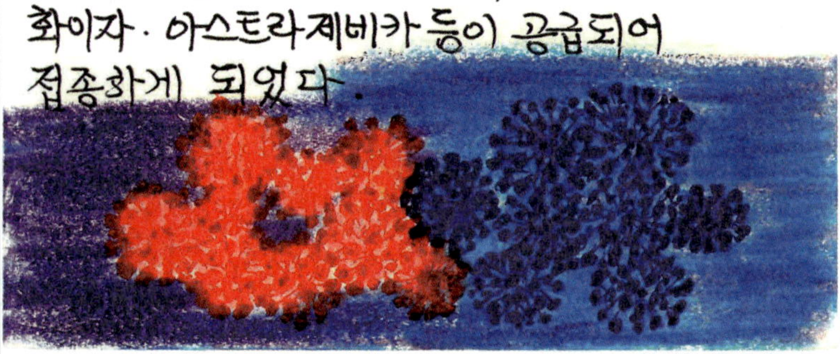

14

새에덴교회

사랑하는 영민아!!! 2021.10.22.

이렇게 너에게 엽서 쓰는게 할머니의
유일한 낙이 되었단다.

세상에 있는 날이 그림자 같아서
희망이 없어 보이나 우리 주님께서 우리의
마음을 감찰하시고 정직을 기뻐하시니
오늘도 그 마음을 주께 드리는 한날
되기를 소망한다.

오늘 밤은 철야예배다. 코로나가 아무리
우리를 흩뿌리게 하여도 결코 우리는
흩어지지 않을것이다. 이럴때 성령의
은혜가 더욱 강하게 임하는 우리 새에덴교회
현장예배. 도포필리아의 예배가 될 것이다.

15

아름다운 세상

2021.10.30. 사랑하는 내 손주 영민아!!!

이 세상은 모두가 하나님의 걸작품이다
수채화로 채색된 아름다운 명품!
퇴원후 겨우 거실 쇼파에 앉아 유리창
너머로 보이는 아름다운 한폭의 그림이
눈에 들어온다. 하늘한 바람에
자유롭게 속삭이는 나뭇잎들. 위로 맑고
깨끗한 하늘이 보이고 너머에 아파트가
눈에 들어온다. 눈이 부시게 쏟아지는 가을의
강한 햇빛이 거실로 들어온다. 그 빛에
내 발이 마중 나간다. 내가 살아서 이모든
것을 느끼고 본다. 너무 황홀하고 감격한다.

16

화려한 외출

사랑하는 영민아!!! 2021. 10. 26.

수술후 처음 나가는 '화려한 외출'이다.
1박2일 소풍가는 아이처럼 설렌다
옷은 무얼 입을까? 춥지는 않을까!
내심장은 괜찮을까. 너무 설레고 긴장된다.

장소는 서천. 3시간 정도 걸린다
아파트 숲을 빠져나가 고속도로를
달리다 보니 가을이 물들어 가고
햇살이 보석처럼 빛난다

오랫만에 정안 휴게소에서 소풍간 아이들처럼
이것저것 사서 먹으며 여행하는 사람들의
생기 넘치는 모습을 보았다

심장 기능 70% 회복

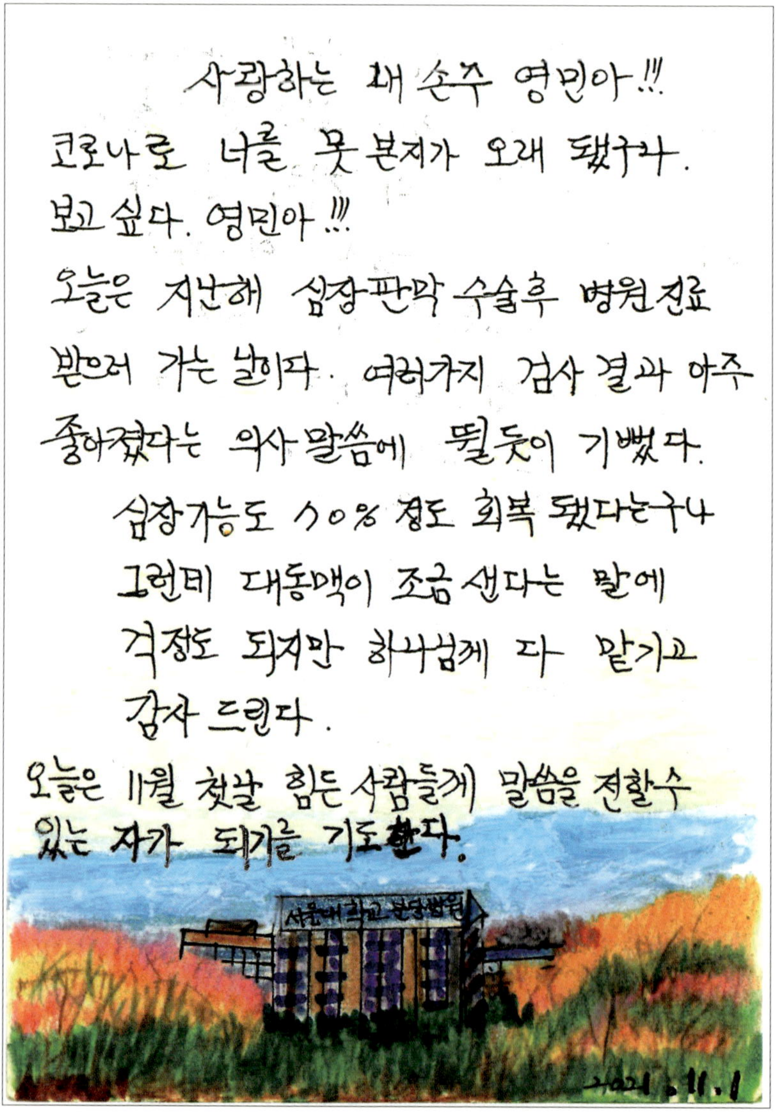

사랑하는 1째 손주 영민아!!!
코로나로 너를 못 본지가 오래 됐구나.
보고 싶다. 영민아!!!
오늘은 지난해 심장판막 수술후 병원진료
받으러 가는 날이다. 여러가지 검사 결과 아주
좋아졌다는 의사 말씀에 뛸듯이 기뻤다.
심장기능도 70% 정도 회복 됐다는구나
그런데 대동맥이 조금 샌다는 말에
걱정도 되지만 하나님께 다 맡기고
감사 드린다.
오늘은 11월 첫날 힘든 사람들께 말씀을 전할수
있는 자가 되기를 기도한다.

18

털실 모자

사랑하는 내 손주 영민아!!!

하루를 기도로 시작해서 기도로
끝나게 하신 하나님께 감사드린다.

인천에 계신 고모가 날마다
안부 전화를 해줘서 너무나 감사하다.
할머니와 친한 양정하 원장이 할머니
생각하며 털실로 예쁜 모자를 손으로 짜서
선물해 주셨다. 얼마나 예쁜지…,
너무나 고마웠다. 오늘은 성경구약 역대하
34. 35. 36 장을 필사하였다. 그리고
2017년에 만난 남궁권사님 세포암과 폐암4기
인데 기도해 줄수 있어서 감사드린다.

2021. 11. 2

19

새날 주신 주님께 감사

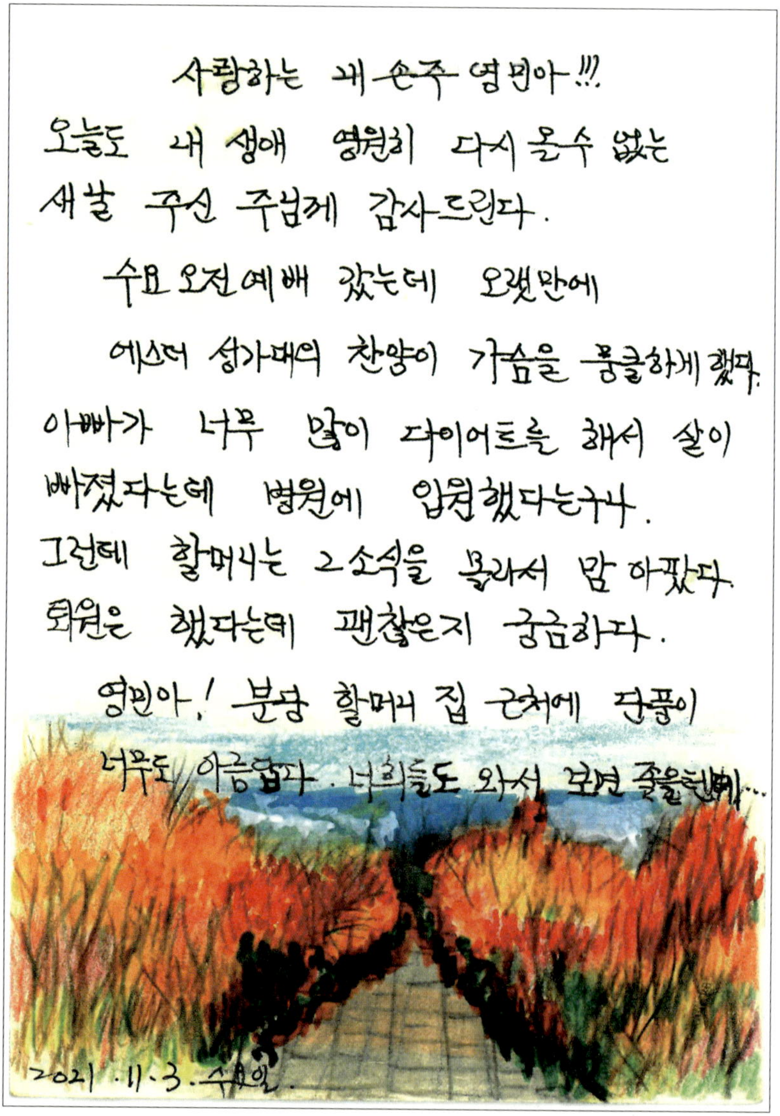

사랑하는 내 손주 영민아!!!

오늘도 내 생애 영원히 다시 올수 없는
새날 주신 주님께 감사드린다.

수요 오전예배 갔는데 오랫만에
에스더 성가대의 찬양이 가슴을 뭉클하게 했다.
아빠가 너무 많이 다이어트를 해서 살이
빠졌다는데 병원에 입원했다는구나.
그런데 할머니는 그 소식을 몰라서 맘 아팠다.
퇴원은 했다는데 괜찮은지 궁금하다.

영민아! 분당 할머니 집 근처에 단풍이
너무도 아름답다. 너희들도 와서 보면 좋을텐데...

2021.11.3. 수요일.

20

백합주일

사랑하는 손주 영민아!!!

이번주는 백합주일로 현장 예배에 나오는
전교인에게 백합꽃을 선물로 주셨다.
이 아름다운 백합꽃을 보면서
솔로몬왕이 술람미 여인을 향하여
'나의 사랑 나의 신부'라고 부르며 애타게
찾았던 것을 생각한다.
우리 목사님 또한 솔로몬의 심정으로
애타게 성도들을 부르시는것 같다.
어서 속히 코로나가 종식되어 맘껏 예배드리는
날이 왔으면 좋겠다.

21

단감

사랑하는 내 손주 영민아!!!

어젯밤에는 다리에 쥐가 나서 거의
뜬 눈으로 밤을 새웠다. 그래도
새벽 4시에 일어나서 새벽기도 갈수
있는 힘을 주신 하나님께 감사드린다.
할아버지께서는 국가조찬기도회 참석하여
기도해야 한다고 가시고 서울에 사시는
셋째 고모할머니가 맛있는 단감 한상자를
보내 주셨다. 단감이 아주 달고 맛있더구나
여러 권사님들과 집사님들께 조금씩 나눠
주고 나니 마음이 흐뭇하다. 오늘은 힘들어도
느헤미야를 다 필사할수 있어서 감사드린다.

22

불곡산의 단풍

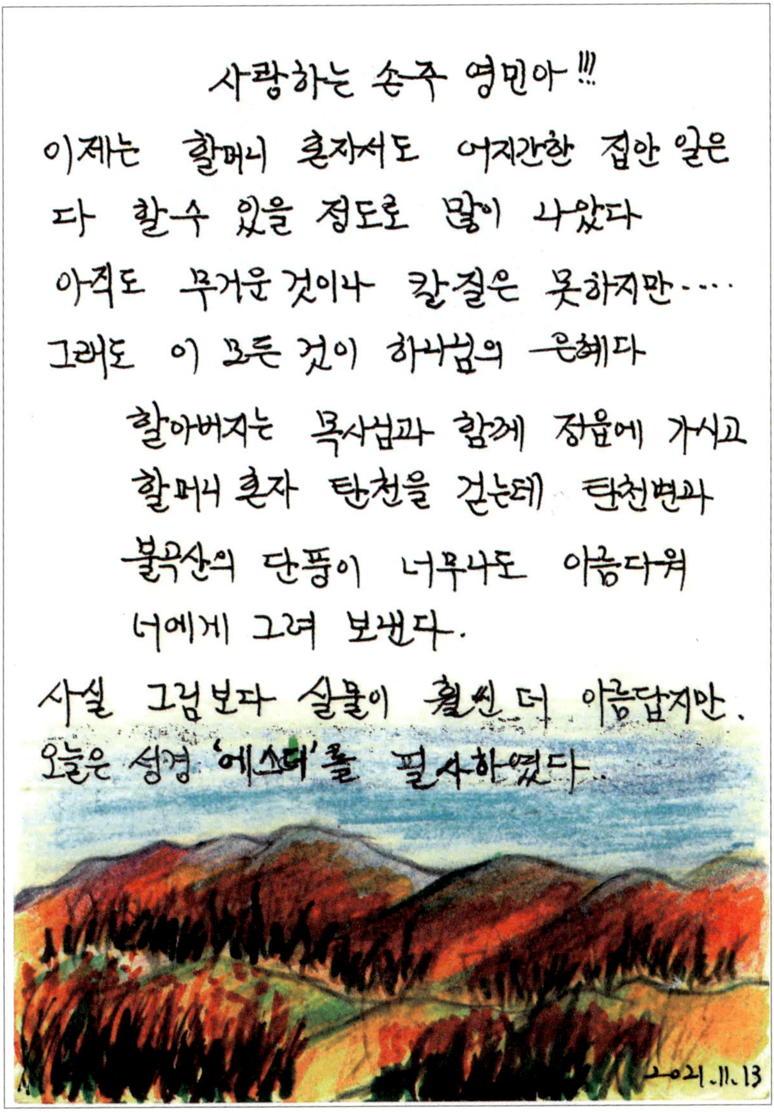

사랑하는 손주 영민아!!!

이제는 할머니 혼자서도 어지간한 집안 일은
다 할수 있을 정도로 많이 나았다
아직도 무거운 것이나 칼질은 못하지만....
그래도 이 모든 것이 하나님의 은혜다

할아버지는 목사님과 함께 정읍에 가시고
할머니 혼자 탄천을 걷는데 탄천변과
불곡산의 단풍이 너무나도 아름다워
너에게 그려 보낸다.

사실 그림보다 실물이 훨씬 더 아름답지만.
오늘은 성경 '에스더'를 필사하였다.

2021.11.13

23

값진 감사

사랑하는 내손주 영민아!!.

오늘 목사님께서 '값진 감사는 흔한 감사와 다르다'는 제목으로 설교 하셨다. 베다니 나사로의 자매들을 너무 사랑하신 우리 주님.

예루살렘 가실때마다 그곳을 들리셨단다. 성지순례 가서 베다니 나사로의 무덤도 들어가 봤다. 그런데 오늘 그누이 마리아가 주님을 위해 옥합을 깨뜨린 사건을 말씀하셨다. 값진 감사는 은혜를 받을수록 더욱 주님을 사랑하게 된다는 사실을 알게되었다.

24

행복 중독증

오늘은 '우생순' 추수 감사절로
지키는 주일이다.
그런데 인간은 행복 중독증에 걸려 아무리
많은 것을 가져도 감사가 없다는구나.
살아 있는것 자체가 감산데……!
오늘 말씀은 시편 54편 다윗이
십 황무지에 숨어 있을때 쓴 시란다.
감사할수 없는 상황에서 하나님의 은혜가
솟구쳐 올라 낙헌제를 드리게 되었는데
이 때가 다윗 생애 최고의 순간이었다고 한다.
영민아, 어떤 어려움에도 하나님께 감사하자.

25

내 심장이 나를 교훈한다

2021.11.23. 사랑하는 내 손주 영민아!!!

성경 시편을 쓰면서 이 말씀이 생각난다.
'밤마다 내 심장이 나를 교훈한다'
오늘 새벽 내 아들 서성동 목사의 설교
말씀에 너무도 많은 은혜를 받았다.
모든 것에 감사하는 자가 되자는 말씀.
네 엄마가 지금까지 우리 집에 오지 않고
있지만 생각하지 않기로 했다.
언젠가는 오겠지… 생각하며 모든 것을
주님께 맡기고 기도하고 있다. 오늘 김명숙 권사님이
김장김치를 주셔서 너무도 감사하고 맛나게 먹었다.

26

청국장

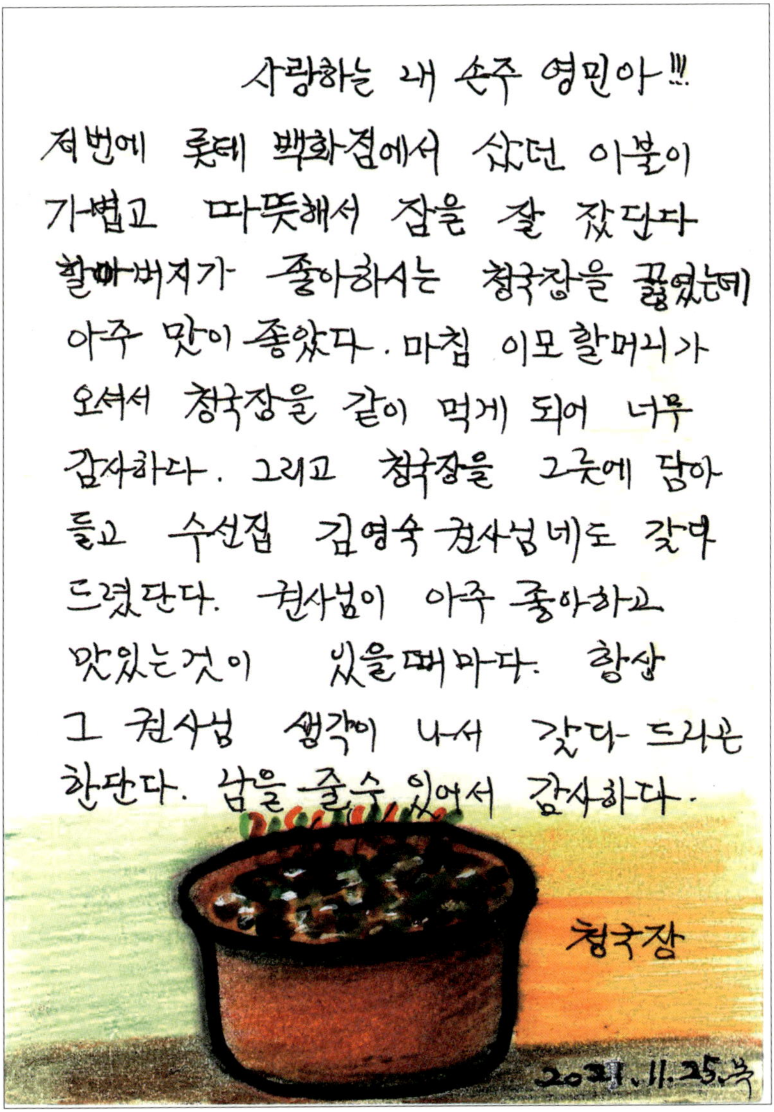

사랑하는 내 손주 영민아!!!

저번에 롯데 백화점에서 샀던 이불이
가볍고 따뜻해서 잠을 잘 잤단다
할아버지가 좋아하시는 청국장을 끓였는데
아주 맛이 좋았다. 마침 이모할머니가
오셔서 청국장을 같이 먹게 되어 너무
감사하다. 그리고 청국장을 그릇에 담아
들고 수선집 김영숙 권사님네도 갖다
드렸단다. 권사님이 아주 좋아하고
맛있는것이 있을때마다 항상
그 권사님 생각이 나서 갖다 드리곤
한단다. 남을 줄수 있어서 감사하다.

청국장

2021.11.25.목

27

우진냉장

사랑하는 손주 영민아!!

눈을 뜰수 있어서 감사하고, 새벽기도
갈수 있는 힘을 주셔서 감사하다
오늘은 안성에 있는 배장용 장로님네
우진냉장 준공예배를 드리는 날이다
할아버지와 준비하여 교회 봉고차로 갔는데
우리교회서 대형버스 5대나 갔다
아주 건물이 크고 좋더구나. 1부 경건예배
사회를 맡은 할아버지를 위해 기도했는데
찬송가 28장을 아주아주 잘 하셨다
그래서 마음이 매우 좋았다.

28

낙엽 지기 전에 꼭 만나요

사랑하는 손주 영민아!!!

새벽 일찍 일어나 준비하고 교회 셔틀버스를
탔는데 버스속에서 기도하고 있는 중에
어쩐지 너희 아빠가 꼭 이 버스를
탈것만 같은 생각이 들었다. 그런데
정말 아빠가 손을 들어 버스에 탔다
할머니가 얼마나 반갑고 좋았겠니
보고싶은 아들을 보니 정말 오늘은
가분 좋은 주일이었다.
낙엽 지기 전에 꼭 만나요'란 말씀에
정말 낙엽지기 전에 너희들을 만났으면 좋겠다.
교회서 안회장과 이현미 집사를 만나서 넘 기뻤다.

전교역자 워크샵

사랑하는 내손주 영민아!!!

오늘은 양평에서 전교역자 워크샵이 있어서
월요일인데도 교회 갔단다.
교구 전도사님들과 버스를 타고 가는데
차창 너머로 파란하늘과 곱게 물든 산과들
그리고 간혹 보이는 아파트들이 어우러져
아름답게 보였단다.

점심때 식당에서 밥을 먹는데 너희
아빠도 오셨더구나. 언제나 봐도 반가운 아들!!
숙소에 도착하여 짐을 풀고 맥켄지 문제 해결
방법에 대해 많은 것을 들을수 있었고
빡빡한 일정이었지만 잘 적응할수 있어서 감사드린다.

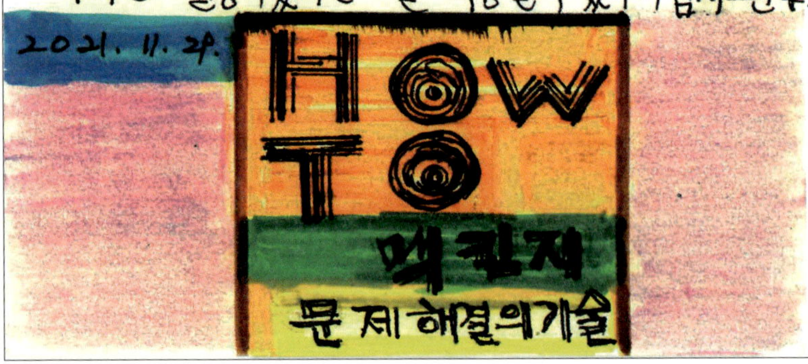

30

6일 동안의 중환자실

사랑하는 내 손주 영민아!!!

보고 싶은 우리 영민이를 못봐서
할머니가 밤새 아팠나 보다.
이렇게 아프면 생각하고 싶지 않은
중환자실이 떠오른다.
중환자실에서 6일동안 있었던 나는
죽은거나 다름 없었다.
그곳은 갈곳이 아니더라.
침대에 누워 걸어다니는 사람들이
얼마나 부러웠는지 모른다 '내가 살아서
이곳을 나가면 원없이 걸어 다닐거야...'
이렇게 살아 있으니 하나님의 은혜다.

31

53회 국가조찬기도회

사랑하는 내 손주 영민아!!!.

새벽에 일어나 준비하여 안영준 회장님
차를 타고 국가조찬기도회 장소를 가는데
강남을 지나 강변북로를 가는 새벽의 서울
모습이 참 아름다웠다. 부회장이신 할아버지는
앞줄 테이블에 앉고 나는 그 다음줄에.....

조금 후에 이재명, 윤석열 대선후보가
단상에 올라 인사하고, 악수도 하며 떠났다.
누가 대통령이 될지...!

김학중 목사의 '정답은 사랑이다'라는 말씀이
끝나고 돌아오면서 담엔 할아버지가
회장 되시길 기도하였다.

32

돔 구이

사랑하는 내 손주 영민아!!!

일주일중 제일 힘든 월요일 새벽기도.
1부 새벽기도를 가려면 4시 좀
넘으면 일어나야 하는데 알람소리
듣고도 좀더 눕자 하다 셔틀버스
못탈번 했다. 그래도 새벽기도
할수 있어서 감사드린다.

수술후 굳어진 근육을 풀기위해
여러가지 운동을 하고 또
만보걷기를 한후 집에 돌아와
완도 조극두 목사가 보내준
돔을 구워서 맛있는 저녁을 먹었다.

2021.12.6

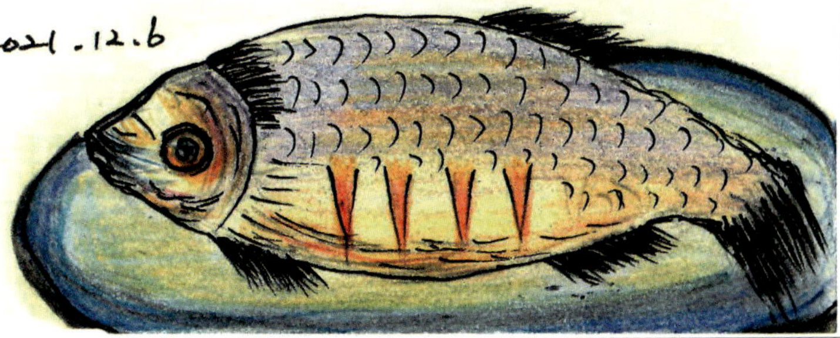

33

만능 간장

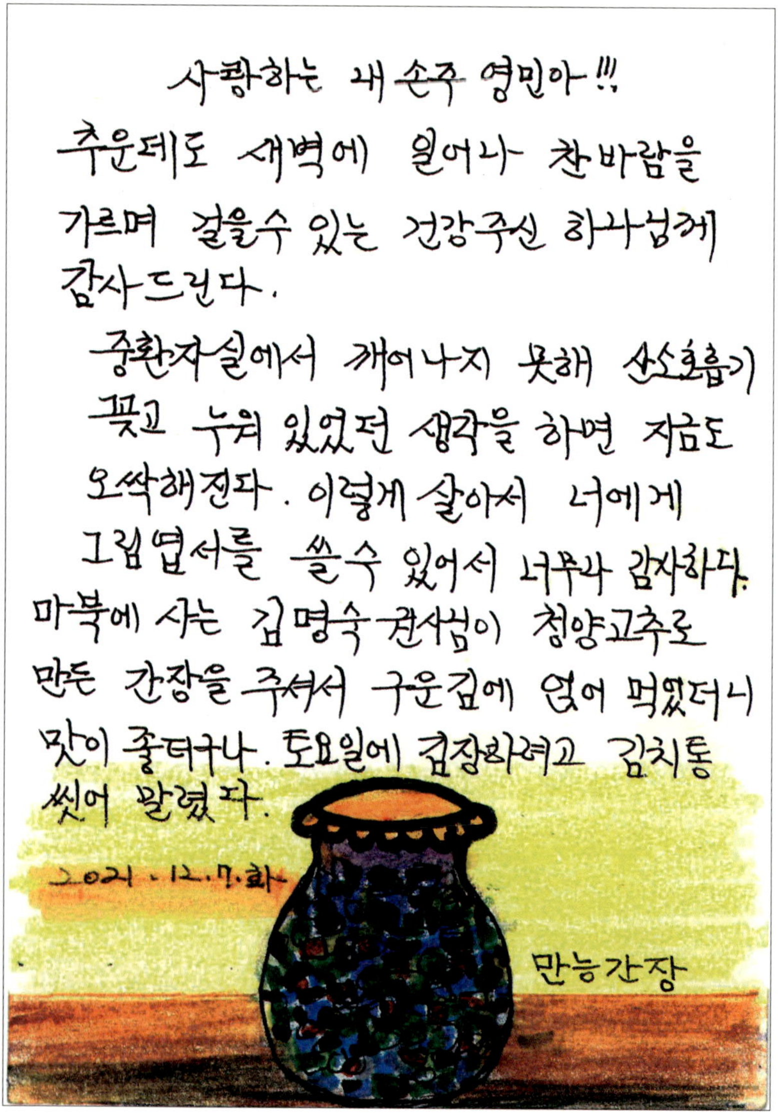
사랑하는 내 손주 영민아!!!

추운데도 새벽에 일어나 찬바람을
가르며 걸을수 있는 건강주신 하나님께
감사드린다.

중환자실에서 깨어나지 못해 산소호흡기
꽂고 누워 있었던 생각을 하면 지금도
오싹해진다. 이렇게 살아서 너에게
그림엽서를 쓸수 있어서 너무나 감사하다.
마북에 사는 김명숙 권사님이 청양고추로
만든 간장을 주셔서 구운김에 얹어 먹었더니
맛이 좋더구나. 토요일에 김장하려고 김치통
씻어 말렸다.

2021.12.7.화

만능간장

34

절임배추

사랑하는 내 손주 영민아!!!
내일 할머니네 김장하는 날이다
20Kg 짜리 다섯박스 주문했는데
절임배추가 오늘 잘 도착하길 바랜다.
작년에도 해남 배추를 시켜서 김치맛이
좋았어든. 올해도 좋은거라 믿는다
시편 150편까지 성경 필사 할수
있어서 감사하다. 완필 할 때까지
팔이랑 눈이랑 건강하길 기도한다.
내일 김장할 것들을 모두 준비하고 나니
배추가 도착했다. 풀어서 배추를 먹어보니
맛이 좋았다. 내일 맛나게 김장하기를 기도한다

35

긍정적인 말

사랑하는 영민아 !!!

주일 새벽 !　　2021. 12. 12. 주일

어젯밤 거의 잠을 못자고 일어나서 교회 갈 준비를 했다. 1부 예배 드릴때 긍정적인 말의 힘이 얼마나 중요한지 깨달았다.

빌라도는 얼마든지 예수님을 무죄 판결 내릴수 있었는데 그의 정치공학의 프레임과 원리속에 살아갔음을 알수 있었다.

나도 할아버지와 고추가루 사건으로 싸웠는데 회개의 기도를 드렸다. 점심때 안영준 회장이 사주신 꼬막 비빔밥을 아주 맛있게 잘 먹었다. 그 분은 남다른 사업가적인 안목이 탁월함을 느꼈다.

36

정책수련회

사랑하는 내 손주 영민아!!!

나는 정말 우리 사랑부 지체들을 생각하면
눈물이 핑 돌고 안타까워 애간장이
타는 그런 사역을 하고 있다고 생각한다.
어제 강의 듣고 '지금은 좋이야'
변화는 싫어 이대로 하면 되지' 라는 생각을
버리고 항상 깨어 있어야 한다는 것을 느낀다.
가슴속에 불타는 갈증과 능동적 창의력을
갖는 시각과 마인드를 불러 일으키고
오직 예수님의 사랑으로 품어야 한다고 생각한다.

- 다시 성경적 신앙을 세우는 교회.
- 다시 가정. 가족. 가문을 세우는 교회.
- 다시 포스트 펜데믹을 선도하는 교회.

37

사랑의 권사님

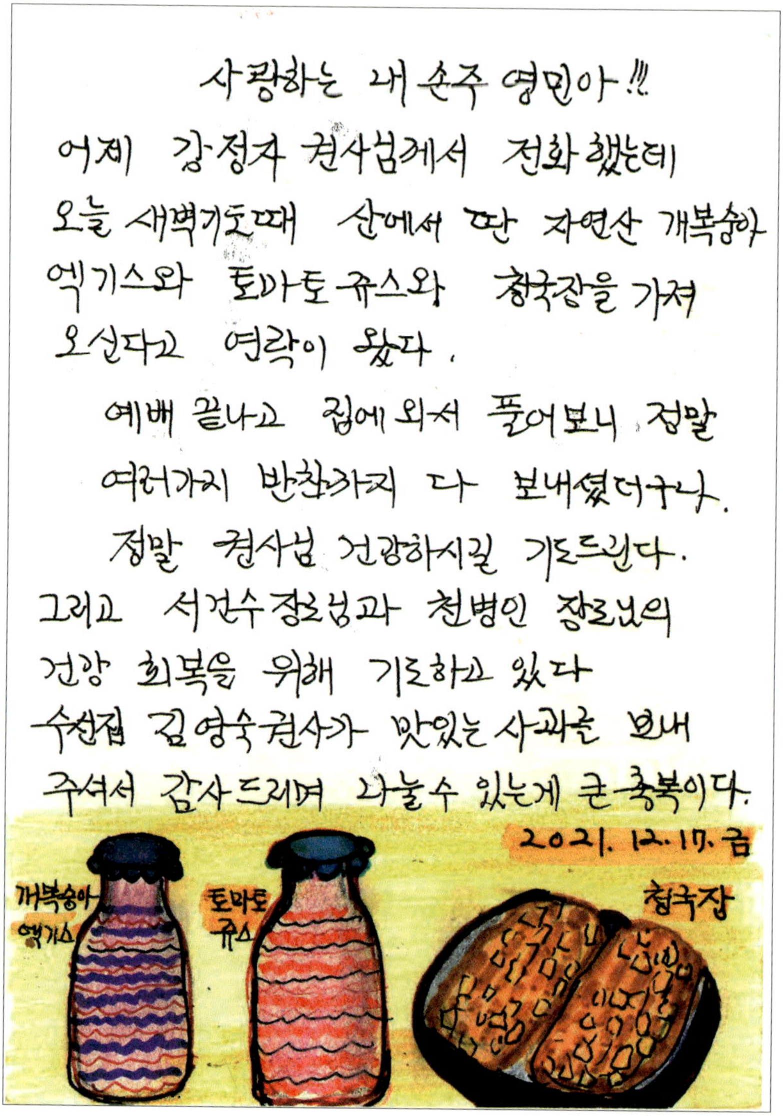

사랑하는 내 손주 영민아!!!

어제 강정자 권사님께서 전화했는데 오늘 새벽기도때 산에서 딴 자연산 개복숭아 엑기스와 토마토 쥬스와 청국장을 가져 오신다고 연락이 왔다.

예배 끝나고 집에 와서 풀어보니 정말 여러가지 반찬까지 다 보내셨더구나.

정말 권사님 건강하시길 기도드린다.

그리고 서건수 장로님과 천병인 장로님의 건강 회복을 위해 기도하고 있다

수진집 김영숙 권사가 맛있는 사과를 보내 주셔서 감사드리며 나눌수 있는게 큰 축복이다.

2021. 12. 17. 금

38

첫 눈

사랑하는 손주 영민아!!!

어느 먼 곳의 그리운 소식이기에
이 한밤 소리없이 흩날리느뇨....!
김광균 시의 '설야'가 떠오른다

오늘은 첫눈내리는 날.
교사 시절 첫눈 내리면 돈갈매기살을
먹으러 가며 얼마나 재잘거렸든지....
그 날을 생각하니 내 입가에 저절로
미소가 번진다. 잎이 다 떨어져 버린
나뭇가지에 제법 하얀 눈이 내려 앉았다.

39

로즈마리 성탄절

사랑하는 손자 영민아!!!
2021년 12월 19일 주일.
"로즈마리 당신을 기억해요"
주일마다 새로운 설교를 하시는 우리
소강석 목사님께 건강과 영권을 주시라고 기도함.
이 세상에서 가장 행복한 일은
하나님께 예배드리는 일이란다.
1부 예배시간에 두번씩이나
우리 아들이 비쳐서 너무나 좋았다.
보고 또 봐도 보고 싶은 우리 아들 서성동…
작년에는 에델바이스 성탄절, 올해는 로즈마리 성탄절!

40

겨울 스웨터

사랑하는 손자 영민아!!!

지난 밤에 잠을 잘 잘수 있어서
감사드리며. 언제나 새벽 1부예배 갈수
있는 건강주셔서 감사하다
할아버지께서 동치미 담을 무를 사서
깨끗이 씻어 주셔서 담을수 있었다
남궁 권사님이 겨울 쉐타를 여러장
사 주셔서 집사님들도 하나씩 줄수 있었다.
누군가에게 주는것이 얼마나 좋은지 모른다.
모두가 은혜다. 오늘도 내일도 감사 뿐이구나
저녁에 시래기 된장국을 끓여서 김영숙 권사에게 주었다.

코로나 확진자 7,850명

사랑하는 2내 손주 영민아!!

2021. 12. 22

코로나 확진자가 7,850명. 수요일.

세상 모든 사람들이 눈만 보이고 표정없는
마스크 세상으로 변했다. 어떻게 이런세상이
되버렸는지……. 어떤 지구 연구가는 인간의
잘못이라고 하더라. 인간이 자연을 너무도
훼손하고 파괴해서 그들이 살곳이 없어
인간에게 이 무서운 바이러스를 되돌려 준거라고…
정말 무서운 세상이 되버렸구나

손주들이나 자식들까지도 명절에 올수가
없게 됐으니… 더구나 코로나에 감염되면
혼자 격리되어 면회도 안된다니.
무서운 세상이다. 언제쯤 마스크를 벗고 살지….

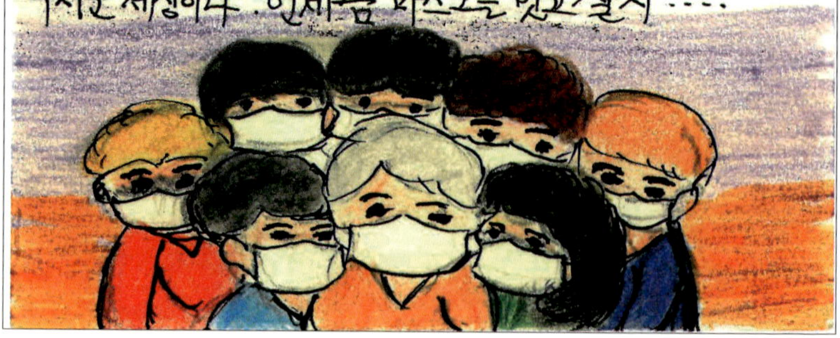

42

축복의 미라클

사랑하는 내 손주 영민아!!!

체감온도 영하 17도. 귀가 얼어 버릴것 같다.
그래도 굳세게 예배 갈수 있어서 감사하다.
오늘 100배의 축복의 미라클!!!
이삭이 쓸모 없었던 땅에 농사를 지어
그 해 100배의 축복을 받았단다.
그는 무조건 순종했고. 제단 우선주의의
삶을 살았기 때문이었지. 아버지가
뿌린 축복의 씨앗 때문이다.
우리 아들 서성동 목사와 경민. 영민.
장민이도 반드시 이런 기적. 역전의
축복을 주시리라 믿는다.

2021. 12. 26. 주일

43

신년 소원 예물

사랑하는 영민아!!"

오늘은 할아버지와 함께 신년소원 기도
다섯가지를 적어 봤다

1. 하나님 저희 세가정 영육간에 강건함주시고
화목하고 형통하여 하나님 영광을 위해 쓰임받게 하소서

2. 서광수 장로 회장 잘 감당케 하시며
국가 조찬기도회 선임 부회장이 되게 하소서.

3. 서성동 목사 박사논문 통과되게 하시며
교구목사 사명 받게 하시고 집이 평안케 하소서

4. 최용희 목사 단독목회 나갈수 있게 하시며
대학강의.방송출연도 하게 하소서.

5. 전정숙 전도사 영육간에 강건하여
장애인 사역 잘 감당케 하소서.

2021.12.29.수요일

44

하나님의 성을 쌓는 당신에게

사랑하는 내 손주 영민아!!!

송구 영신 예배 '의인은 일어 날수 밖에 없다'
에스겔 14장에서 노아는 '그러나'의 신앙.
다니엘은 '알고도의 신앙'
욥 은 '그리아니하실지라도'의 신앙이
있을지라도 그들은 자기의 의로 누구하나
건질수 없다는구나. 오늘 2021년 마지막날!
지난 1년 뒤돌아 보면 모두가 하나님의
은혜였다고 고백한다. 애굽의 수치를
길갈에서 굴러버리듯 2021년도의 아픔,
괴로움. 모두 굴러가고 회복의 새해 되길 기도한다.

2022년

우 편 엽 서
대한민국 KOREA
400
보내는 사람 전 정숙
우리 영민이를 최고로
사랑하는 할머니
받는 사람 서 영민
용인시 수지구 죽전동
대청 초등학교 3학년 4반

45

겨울 눈

사랑하는 내 손주 영민아!!!
3월이구나. 새로 3학년이 된 우리
영민이. 할머니가 무척 보고 싶다.
그래서 너에게 할머니가 엽서를 써서
소식을 전한다. 형이랑 동생도 잘 있지?
영민아! 너희 담임 선생님은 누구셔?
그리고 친구들은 어때...
우리 영민이 밥 잘 먹고 건강하고
씩씩하게 자라길 기도한다.
오늘은 추운 겨울을 이겨내고 피어난
탄천에 핀 겨울눈을 그려본다.

46

3학년 4반

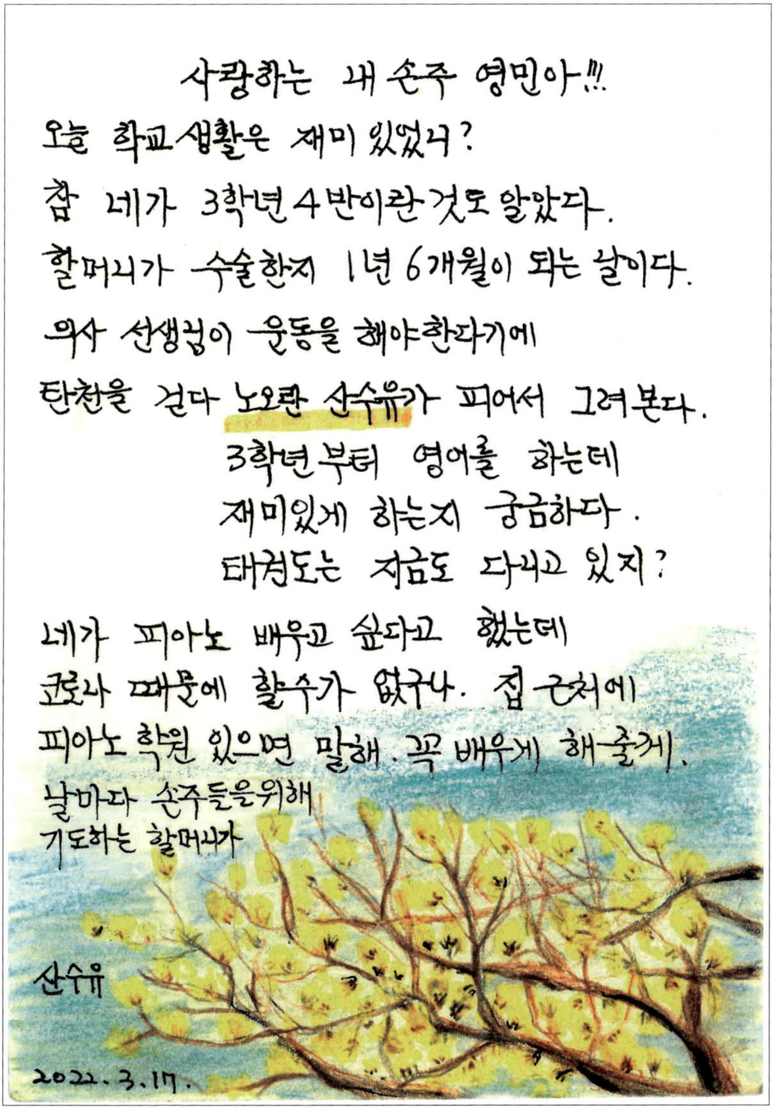

사랑하는 내 손주 영민아!!!

오늘 학교 생활은 재미 있었니?

참 네가 3학년 4반이란 것도 알았다.

할머니가 수술한지 1년 6개월이 되는 날이다.

의사 선생님이 운동을 해야 한다기에

탄천을 걷다 노오란 산수유가 피어서 그려본다.

3학년부터 영어를 하는데

재미있게 하는지 궁금하다.

태권도는 지금도 다니고 있지?

네가 피아노 배우고 싶다고 했는데

코로나 때문에 할수가 없구나. 집 근처에

피아노 학원 있으면 말해. 꼭 배우게 해줄게.

날마다 손주들을 위해

기도하는 할머니가

산수유

2022. 3. 17.

냉이국

사랑하는 영민아!!!

어제 주일에 사랑부 이영아 선생님이 갖다 준 냉이국을 끓였는데 너무너무 맛있었다. 봄의 대표음식 냉이국!!!

봄 향기가 내 입안에 가득한것 같이 상큼하고 좋았다. 할아버지께서도 정말 맛있다고 하신다.

다른 반찬은 하나도 꺼내지 않고 이 냉이국 하고만 밥을 먹었다. 시골에서 보내신 것이라는데 이렇게 향이 좋고 맛있는 냉이국은 처음인것 같다. 너희들도 같이 먹었으면 하는 생각이 든다. 오늘 학교생활은 어땠는지 궁금하구나...!

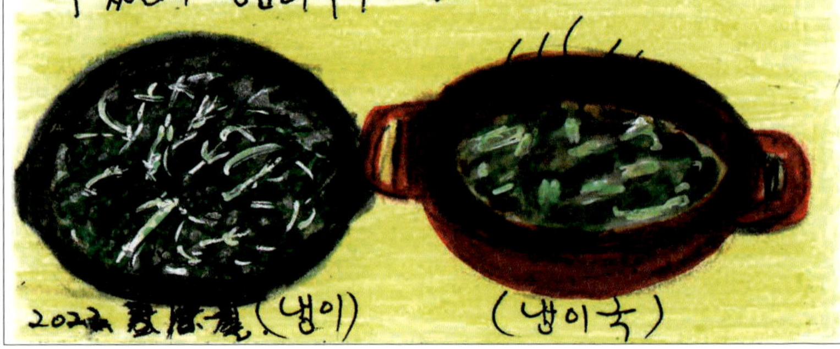

48

제주도의 하늘

사랑하는 영민아!!!
오늘도 학교생활 잘하고 왔지?
짝꿍과 친하게 지내라.
영민아!!! 지난 3월 21~23일까지
3일동안 제주도 여행갔다 왔어. 할아버지랑
우리 영민이 세살때쯤 우리 가족도 제주도
여행간적 있지. 제주도를 우리나라에게 주신
하나님께 감사한다.

위 그림은 비행기 속에서 찍은 모습인데
햇빛이 찬란하게 빛나고 아래는 솜처럼
피어있는 구름이 마치 양떼들이 풀을
뜯고 있는 모습 같아서 감탄했다.
코로나 때문에 외국여행 못가고 제주도에서
힐링할수 있는 기회를 주신 하나님께 감사한다.

49

목련꽃

'22.4.4

사랑하는 내 손주 영민아!!

씩씩하고 용감하게 잘 지내고 있지?
할머니가 오늘은 집 앞에 핀 아름다운
목련꽃을 그려 보낸다.

우리 영민이 오늘도 하루종일 바빴지
학교가고, 태권도 가고 영어도 배우고…
아유! 많이도 하네.
형하고 언제나 같이 다니지.

영민아, 교회도 잘 다녀야 한다
말씀도 많이 암송하고. 그리고 아무리
바빠도 하늘도 쳐다보고….
꽃들도 볼수있는 우리 영민이 되길 바란다.
2학기땐 반장이 되면 좋겠구나.

50

연초록의 봄

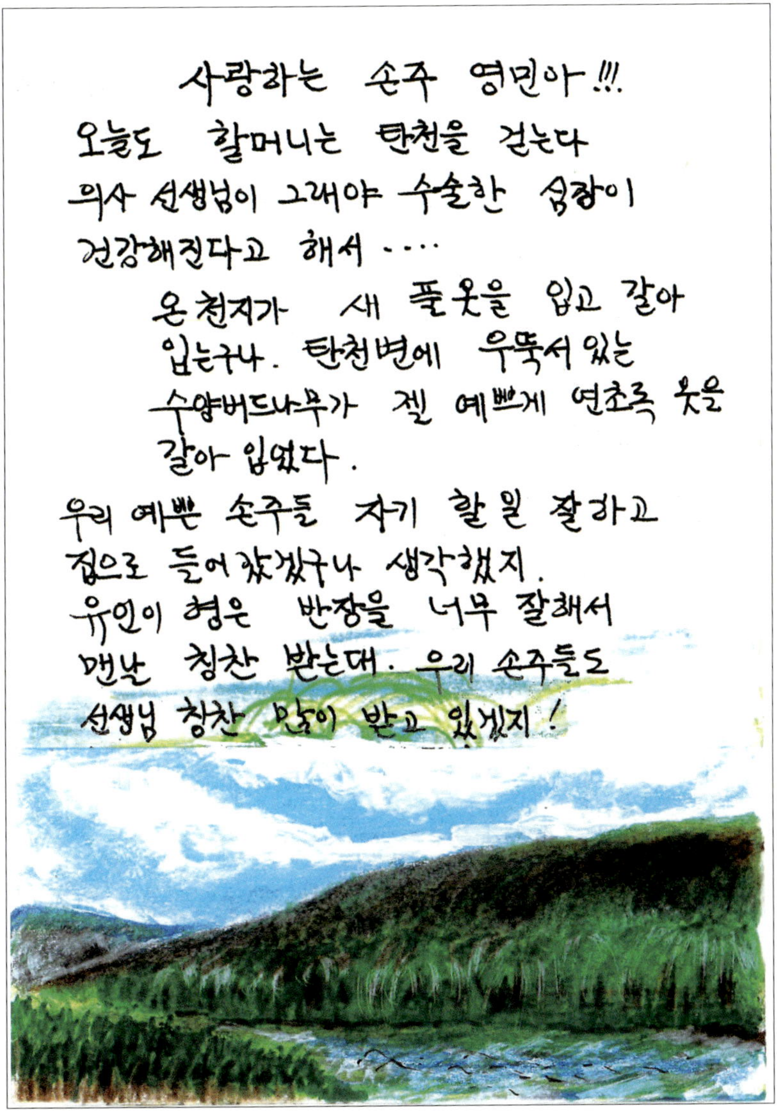

사랑하는 손주 영민아!!!

오늘도 할머니는 탄천을 걷는다
의사 선생님이 그래야 수술한 심장이
건강해진다고 해서....
온 천지가 새 풀옷을 입고 갈아
입는구나. 탄천변에 우뚝서 있는
수양버드나무가 젤 예쁘게 연초록 옷을
갈아 입었다.
우리 예쁜 손주들 자기 할 일 잘하고
집으로 들어갔겠구나 생각했지.
유인이 형은 반장을 너무 잘해서
맨날 칭찬 받는대. 우리 손주들도
선생님 칭찬 많이 받고 있겠지!

51

지금 나의 방향은?

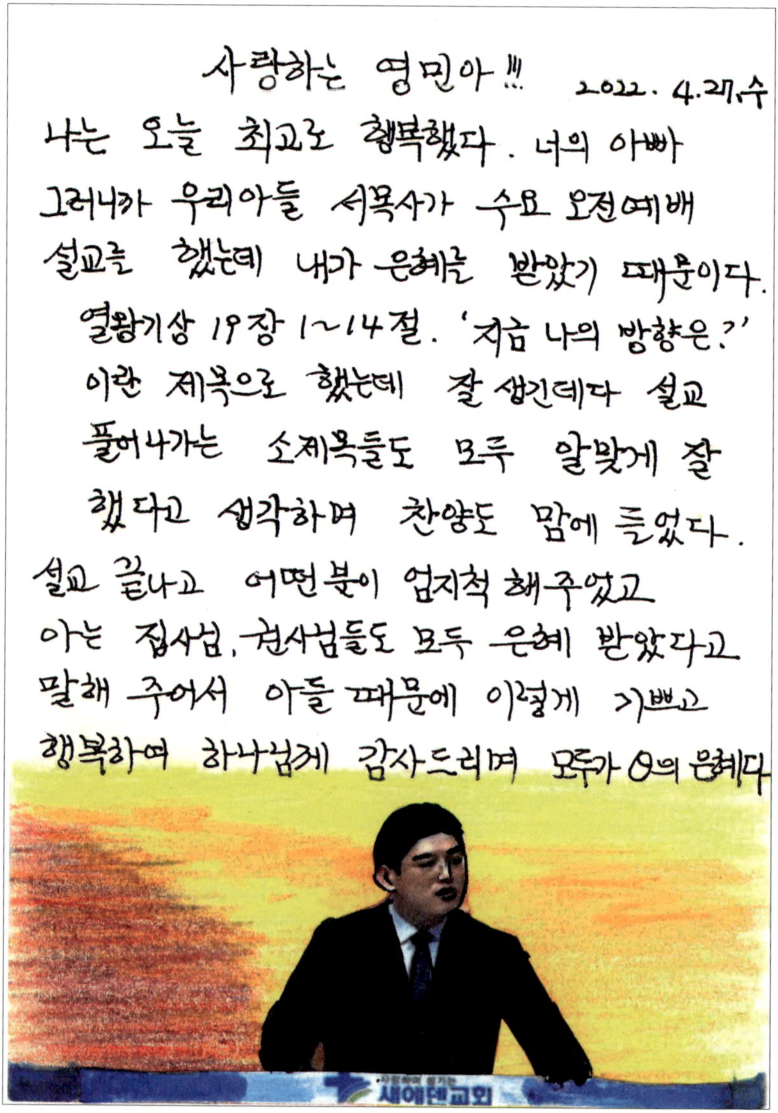
사랑하는 영민아!!! 2022. 4. 27. 수

나는 오늘 최고로 행복했다. 너의 아빠
그러니까 우리아들 서목사가 수요 오전예배
설교를 했는데 내가 은혜를 받았기 때문이다.
열왕기상 19장 1~14절. '지금 나의 방향은?'
이란 제목으로 했는데 잘 생긴데다 설교
풀어나가는 소제목들도 모두 알맞게 잘
했다고 생각하며 찬양도 맘에 들었다.
설교 끝나고 어떤분이 엄지척 해주었고
아는 집사님, 권사님들도 모두 은혜 받았다고
말해 주어서 아들 때문에 이렇게 기쁘고
행복하며 하나님께 감사드리며 모두가 O의 은혜다

52

청보리밭

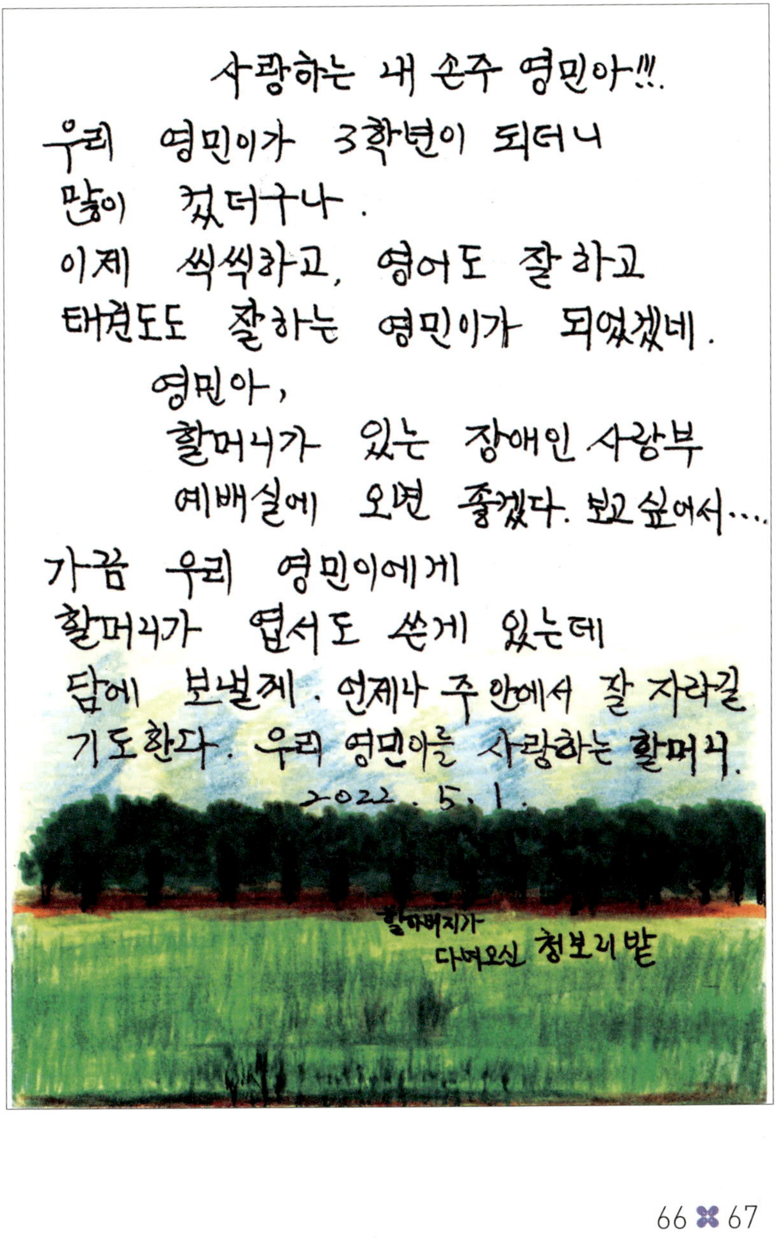

사랑하는 내 손주 영민아!!!.

우리 영민이가 3학년이 되더니
많이 컸더구나.
이제 씩씩하고, 영어도 잘하고
태권도도 잘하는 영민이가 되었겠네.
영민아,
할머니가 있는 장애인 사랑부
예배실에 오면 좋겠다. 보고 싶어서....
가끔 우리 영민이에게
할머니가 엽서도 쓴게 있는데
담에 보낼께. 언제나 주 안에서 잘 자라길
기도한다. 우리 영민이를 사랑하는 할머니.
2022. 5. 1.

할아버지가
다녀오신 청보리밭

53

산소

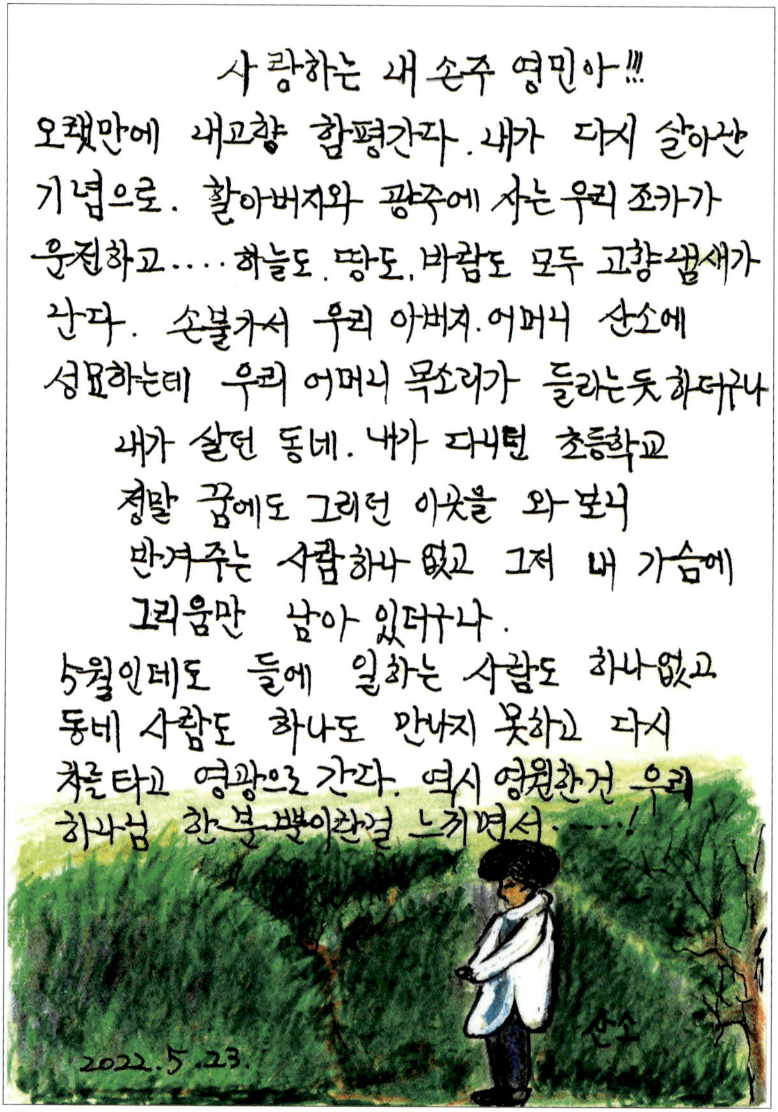

사랑하는 내 손주 영민아!!!
오랫만에 내고향 함평간다. 내가 다시 살아난
기념으로. 할아버지와 광주에 사는 우리 조카가
운전하고.... 하늘도. 땅도. 바람도 모두 고향냄새가
난다. 손불가서 우리 아버지. 어머니 산소에
성묘하는데 우리 어머니 목소리가 들리는듯 하더구나
내가 살던 동네. 내가 다니던 초등학교
정말 꿈에도 그리던 이곳을 와 보니
반겨주는 사람하나 없고 그저 내 가슴에
그리움만 남아 있더구나.
5월인데도 들에 일하는 사람도 하나없고
동네 사람도 하나도 만나지 못하고 다시
차를타고 영광으로 간다. 역시 영원한건 우리
하나님 한분뿐이란걸 느끼면서....!

산소

2022.5.23.

54

우리에게 최고의 사랑과 자유

2023.6.12. 사랑하는 영민아!!!

날마다 성경을 읽고 쓰면서 느끼는게 많다. 죽어도 요셉. 죽어도 라헬을 사랑했던 믿음의 조상 야곱. 그러나 라헬은 길가에 묻히고 레아는 약속의 땅에 묻힌다. 요셉도 믿음의 조상이 아니고, 유다가 믿음의 조상이 되는걸 보고 우리의 최고의 사랑과 자유는 그리스도의 복음을 전하는 것이라 생각한다. 잘 먹고 잘사는 것이 자유가 아니고 죽은자의 부활을 전하는 생활. 이것이 참으로 자유요 행복한 가치있는 일임을 말해주고 싶구나.

성경필사 완필

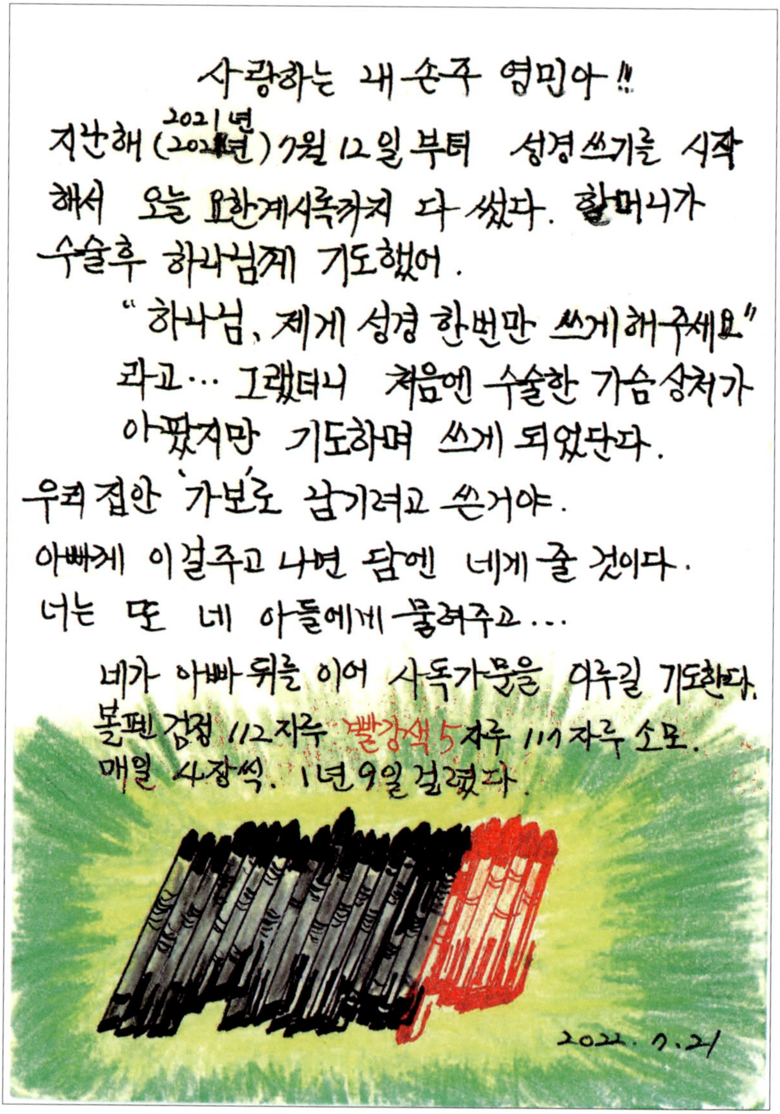
사랑하는 내 손주 영민아!!
지난해 (2021년) 7월 12일부터 성경쓰기를 시작
해서 오늘 요한계시록까지 다 썼다. 할머니가
수술후 하나님께 기도했어.
"하나님, 제게 성경 한번만 쓰게해주세요"
라고… 그랬더니 처음엔 수술한 가슴상처가
아팠지만 기도하며 쓰게 되었단다.
우리 집안 '가보'로 남기려고 쓴거야.
아빠께 이걸주고 나면 담엔 네게 줄 것이다.
너는 또 네 아들에게 물려주고…
네가 아빠 뒤를 이어 사독가문을 이루길 기도한다.
볼펜 검정 112자루 빨강색 5자루 117자루 소모.
매일 4장씩. 1년 9일 걸렸다.
2022. 7. 21

56

사독 가문의 유산

2022.7.22. 사랑하는 내 손주 영민아!!!
"하나님, 오늘도 필사를 시작합니다
완필 할 때까지 힘들지 않고 끝까지
쓰게 하시며, 아들 서성동 목사 최고의
설교자가 되게 하시며 아빠 뒤를 이어
사역자가 될 손자 영민이를 축복하여
주시옵소서. 예수님 이름으로 기도합니다.
아멘!"
쓸때마다 이 기도를 1년동안 해 왔다
이 성경 필사를 한것을 네 아빠께 유산으로
줄것이며, 또 네 아빠는 영민이 네게
물려 주고 너는 또 네 아들에게...
계속 이렇게 자자손손 사독가문을 이루길
기도하면서, 성경필사를 했단다.

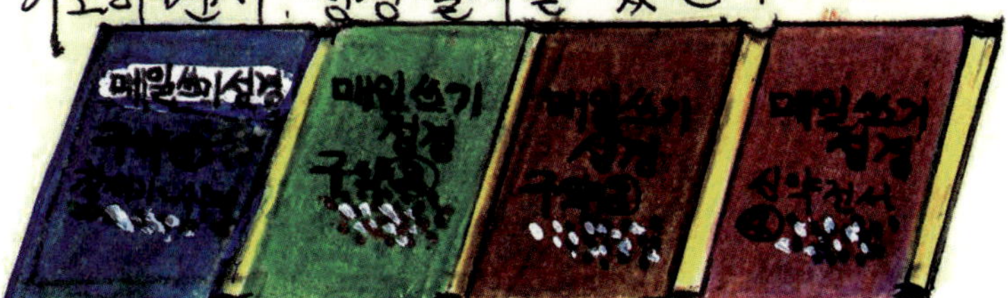

아멘 주 예수여 오시옵소서

2022. 7.22. 사랑하는 내 손주 영민아!!!

1년 동안 성경 필사하면서 많은 성경 인물들과 만날수 있었다.
아브라함, 이삭. 야곱. 다윗. 술람미여인 고난의 대명사 나오미와 욥. 바울. 요한과 구원자 예수님!!! 그분들과 많은 대화를 했던 행복한 지난 1년.
내가 진실로 속히 오리라 아멘 주 예수여 오시옵소서. 주 예수의 은혜가 모든 자들에게 있을 지어다 아멘
이렇게 성경은 끝을 맺는다.
주여! 저를 주님의 도구로 써 주옵소서 아멘!. 이렇게 기도하며 할머니는 펜을 놓았다.

58
몽골 여행

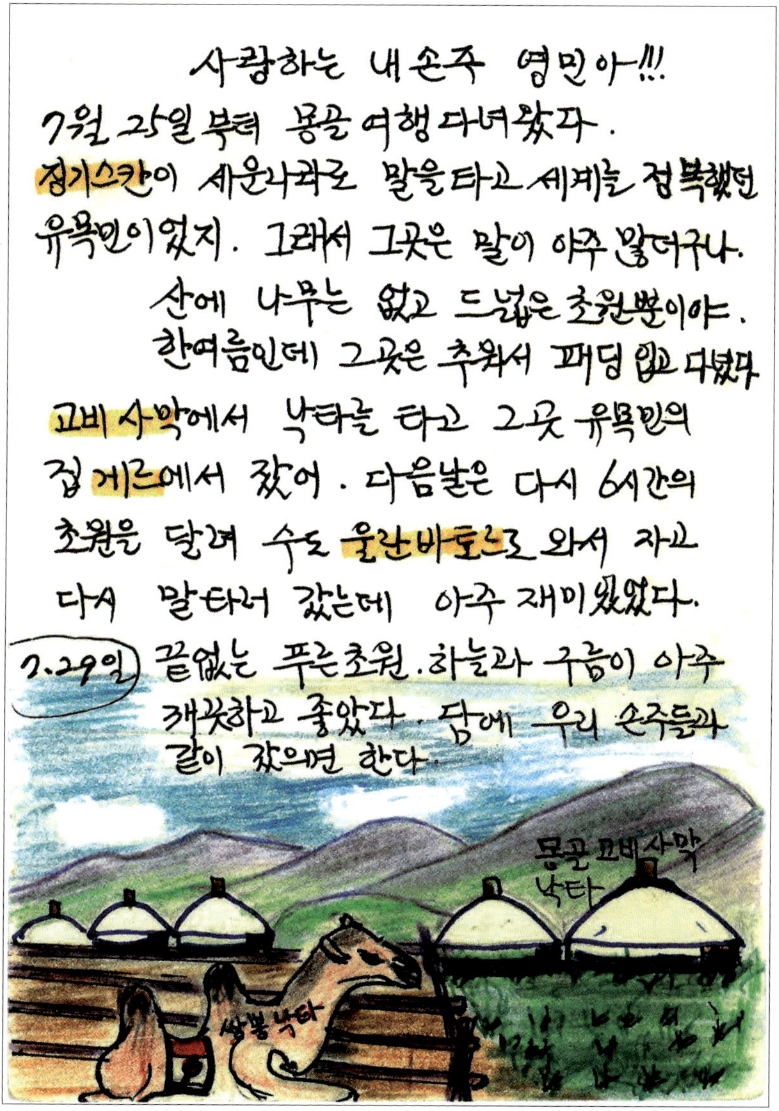
사랑하는 내 손주 영민아!!!
7월 25일 부터 몽골 여행 다녀왔다.
징기스칸이 세운나라로 말을타고 세계를 정복했던
유목민이었지. 그래서 그곳은 말이 아주 많더구나.
산에 나무는 없고 드넓은 초원뿐이야.
한여름인데 그곳은 추워서 패딩 입고 다녔다
고비 사막에서 낙타를 타고 그곳 유목민의
집 게르에서 잤어. 다음날은 다시 6시간의
초원을 달려 수도 울란바토르로 와서 자고
다시 말타러 갔는데 아주 재미있었다.
7.29일 끝없는 푸른초원. 하늘과 구름이 아주
깨끗하고 좋았다. 담에 우리 손주들과
같이 갔으면 한다.

59

몽골의 초원

22.7.25 사랑하는 내 손주 영민아!!!

아시아에서 네번째로 넓은 땅을 가진 몽골은 끝없이 넓은 광활한 초원으로 이루져 있었다. 고비사막으로 가는 길에 6시간을 달리는 그 넓은 초원에 유목민과 그들의 가축들 말과 양과 염소. 낙타등이 자유롭게 풀을 뜯고 있는 모습만을 보았다.

마치 동물나라에 온것처럼 착각할 정도다

60

몽골의 유채꽃

2022. 7. 26 사랑하는 내 손주 영민아!!!

끝없이 달리는 차속에서 보는 몽골의 풍경은 산이나 나무는 별로 보이지 않고 오직 드넓은 초원 뿐이었다.

간혹 보이는 것은 넓은 벌판에 방목하는 염소떼 뿐이었다.

아무리 가도 사람이 사는 마을은 보이지 않았다. 얼마쯤 달리다 보니 그 넓은 벌판이 온통 노란색으로 덮여 있어서 반가움에 함성을 질렀다. 그건 유채꽃밭.

얼마나 반갑고 아름답든지......!!!

61

몽골 전통가옥 게르

22.7.27 사랑하는 내 손주 영민아!!!

몽골의 전통가옥 게르는 겉보기엔 천막처럼 보였는데 안으로 들어가 보니 넓고 쾌적하고 좋았다. 이런 집단 게르는 여행객들에게 제공되는 숙박시설이란다. 마치 우리나라의 호텔이나 리조트 같은 곳이야.

게르는 나무로 뼈대를 만들고 그 위에 천을 덮어 만드는 아주 쉽게 분해하고 조립 할수 있도록 설계 되었다는구나.

62

거북바위

22.7.28 사랑하는 내손주 영민아!!

오늘은 몽골에서 말타는 코스였다
무서울줄 알았는데 말들이 잘 훈련되어
한시간 동안의 코스를 습관처럼 잘
인도해 주어서 재밌고 더 타고 싶은
생각이 들정도였다. 그곳에서 다시
바위들의 웅장한 모습을 보았는데
자연적으로 된 거북바위를 보고 모두가
감탄했다. 정말 거북이 모양이야....!

장년 여름수련회

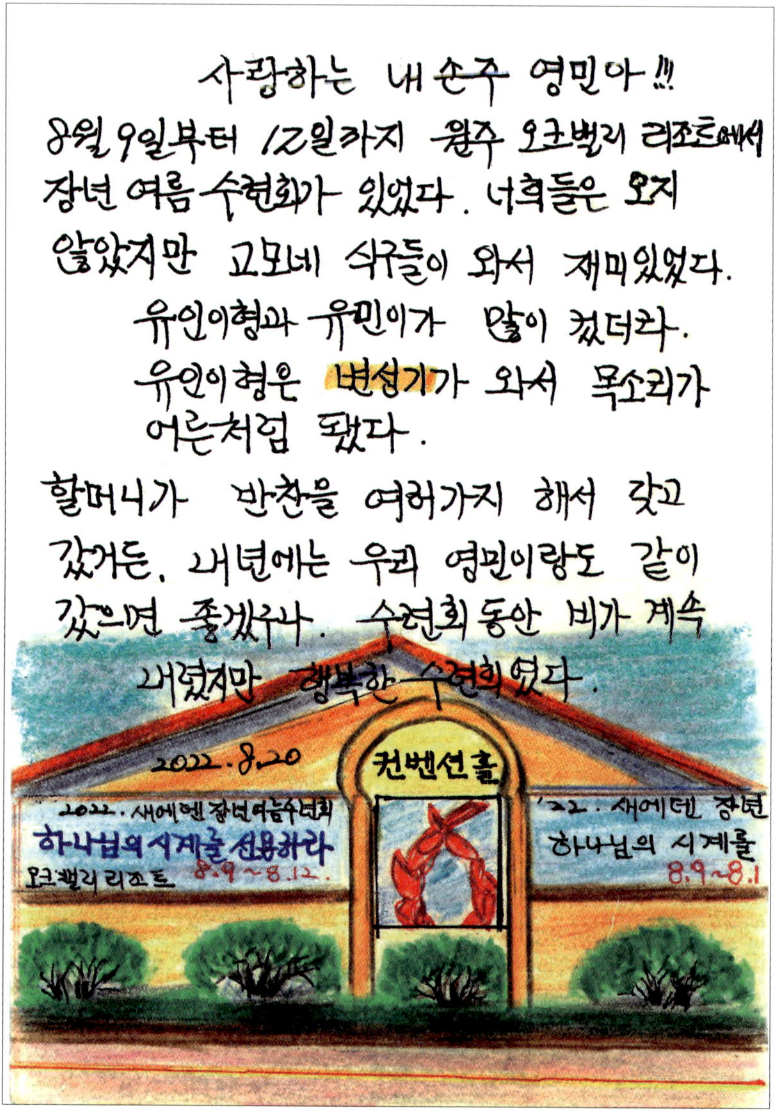
사랑하는 내 손주 영민아!!!
8월 9일부터 12일까지 원주 오크밸리 리조트에서
장년 여름 수련회가 있었다. 너희들은 오지
않았지만 고모네 식구들이 와서 재미있었다.
유인이형과 유민이가 많이 컸더라.
유인이형은 변성기가 와서 목소리가
어른처럼 됐다.
할머니가 반찬을 여러가지 해서 갖고
갔거든. 내년에는 우리 영민이랑도 같이
갔으면 좋겠구나. 수련회 동안 비가 계속
내렸지만 행복한 수련회였다.
2022. 8. 20

64

곰배령

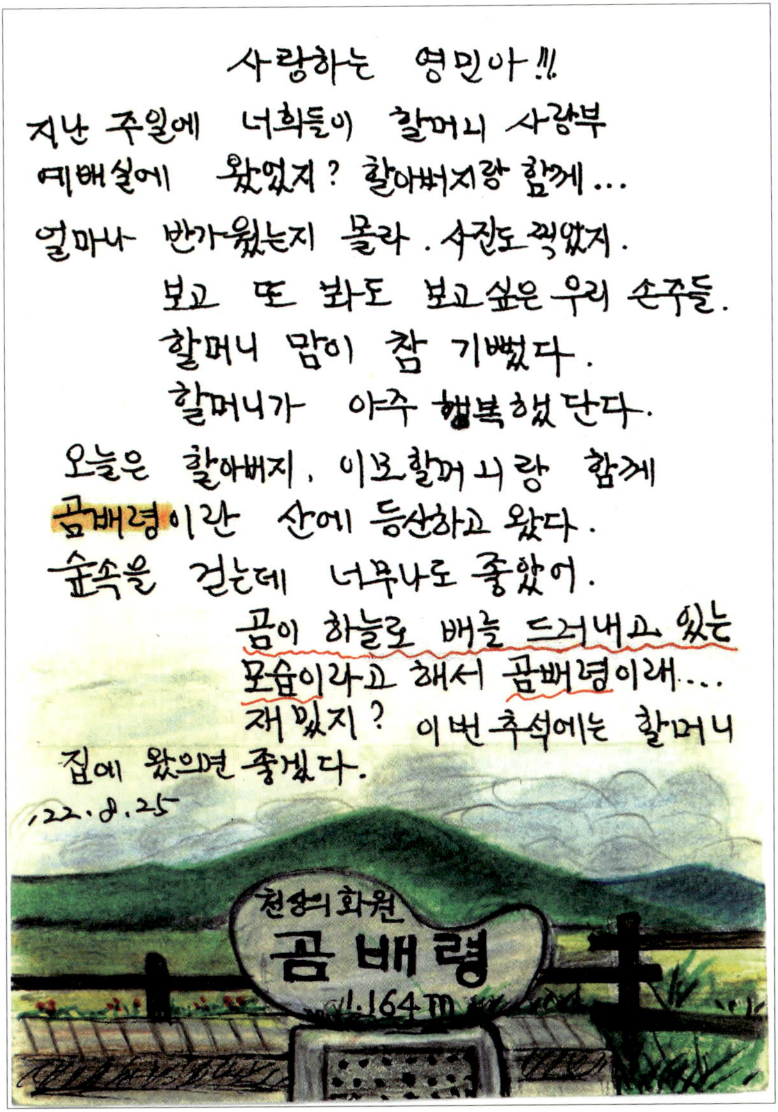
사랑하는 영민아!!!

지난 주일에 너희들이 할머니 사랑부
예배실에 왔었지? 할아버지랑 함께...
얼마나 반가웠는지 몰라. 사진도 찍었지.
보고 또 봐도 보고 싶은 우리 손주들.
할머니 맘이 참 기뻤다.
할머니가 아주 행복했단다.
오늘은 할아버지, 이모할머니랑 함께
곰배령이란 산에 등산하고 왔다.
숲속을 걷는데 너무나도 좋았어.
곰이 하늘로 배를 드러내고 있는
모습이라고 해서 곰배령이래...
재밌지? 이번 추석에는 할머니
집에 왔으면 좋겠다.

'22. 8. 25

65

빗소리

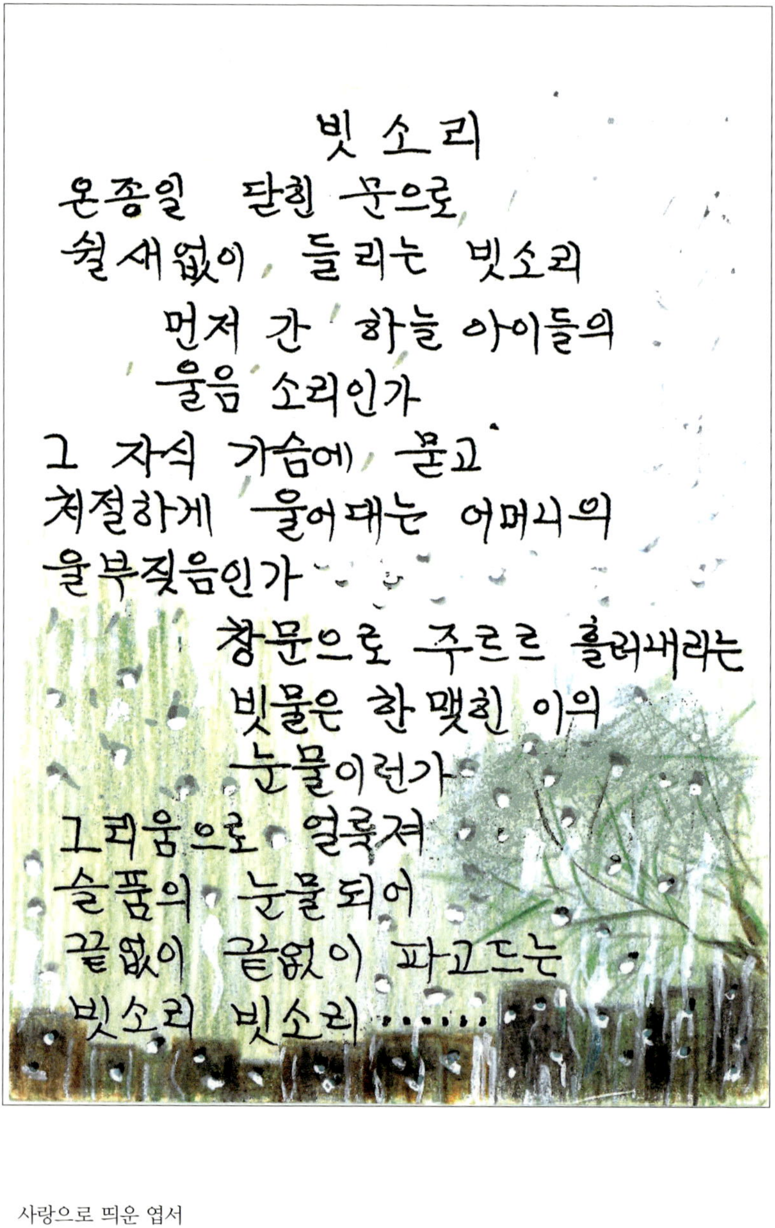
빗소리
온종일 닫힌 문으로
쉴새없이 들리는 빗소리
먼저 간 하늘 아이들의
울음 소리인가
그 자식 가슴에 묻고
처절하게 울어대는 어머니의
울부짖음인가
창문으로 주르르 흘러내리는
빗물은 한 맺힌 이의
눈물이런가
그리움으로 얼룩져
슬픔의 눈물되어
끝없이 끝없이 파고드는
빗소리 빗소리……

66

집중호우

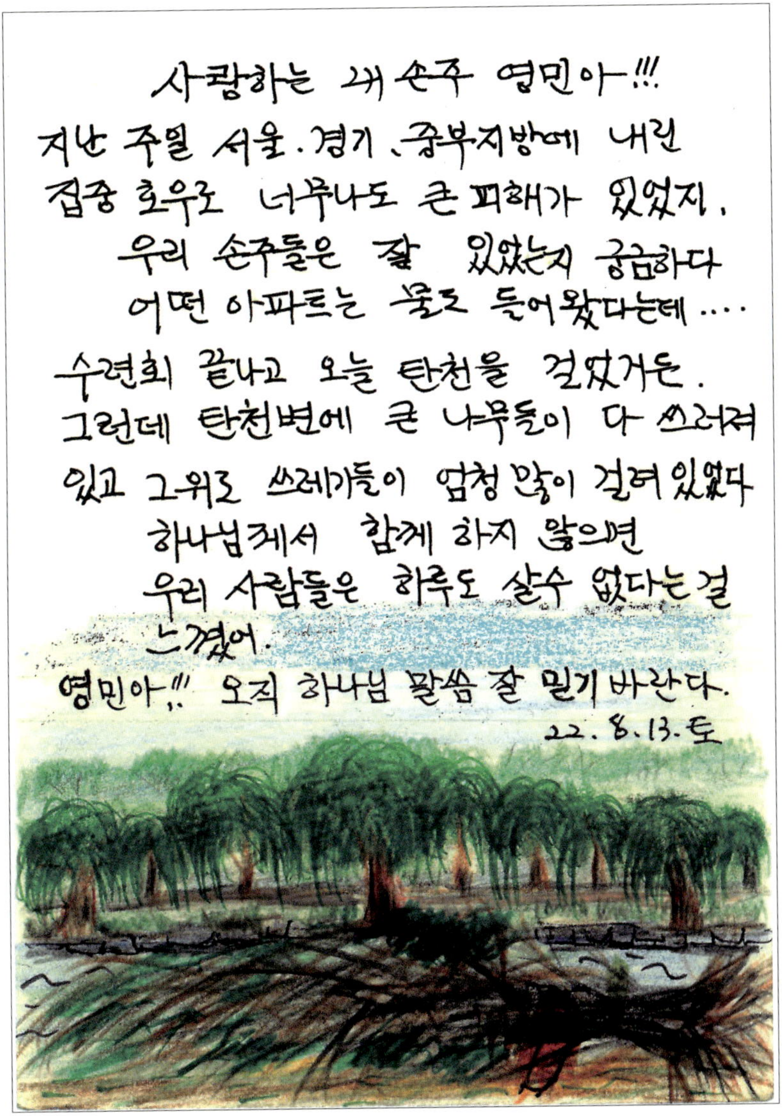

사랑하는 내 손주 영민아!!!

지난 주일 서울.경기, 중부지방에 내린
집중 호우로 너무나도 큰 피해가 있었지.
우리 손주들은 잘 있었는지 궁금하다
어떤 아파트는 물도 들어왔다는데....

수련회 끝나고 오늘 탄천을 걸었거든.
그런데 탄천변에 큰 나무들이 다 쓰러져
있고 그 위로 쓰레기들이 엄청 많이 걸려 있었다
하나님께서 함께 하지 않으면
우리 사람들은 하루도 살수 없다는 걸
느꼈어.

영민아!!! 오직 하나님 말씀 잘 믿기 바란다.

22. 8. 13. 토

67

고모 대학원 졸업식

사랑하는 내손주 영민아!!!
오늘은 너희들에게 이세상에 한분밖에
없는 고모가 숙명여대 대학원 졸업식이었다.
할아버지와 함께 가서 맘껏
축하해 줬지. 예쁜 꽃다발도 사고
리본도 사서 맘껏 축하해 줬어.
사진도 많이 찍고, 점심도 맛있게
먹고 아주 재미있게 보냈단다.
우리 영민이도 대학교 졸업할때 할머니가
꼭 가서 축하해 줘야지. 영민아, 기도해줘.
할머니 할아버지 건강하게 오래오래 사시도록.....

68

꿈에 본 영민이

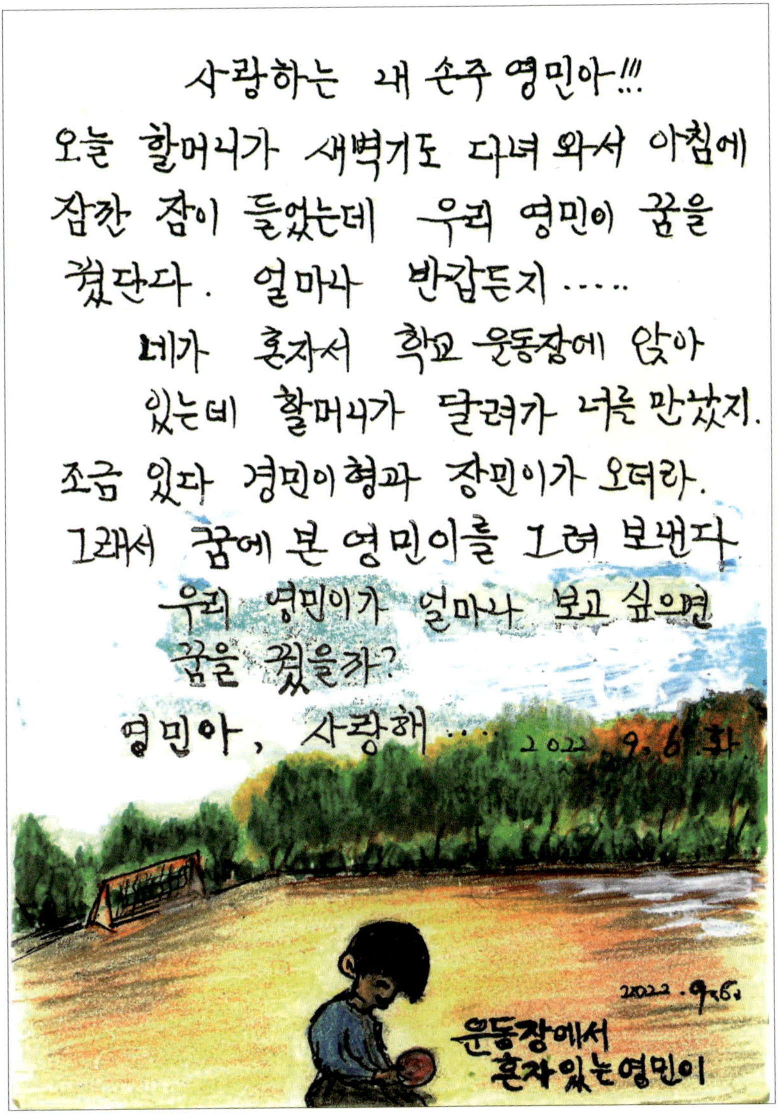

사랑하는 내 손주 영민아!!!

오늘 할머니가 새벽기도 다녀와서 아침에
잠깐 잠이 들었는데 우리 영민이 꿈을
꿨단다. 얼마나 반갑든지.....

네가 혼자서 학교 운동장에 앉아
있는데 할머니가 달려가 너를 만났지.
조금 있다 경민이 형과 장민이가 오더라.
그래서 꿈에 본 영민이를 그려 보낸다
우리 영민이가 얼마나 보고 싶으면
꿈을 꿨을까?

영민아, 사랑해..... 2022. 9. 6. 화.

69

보름달

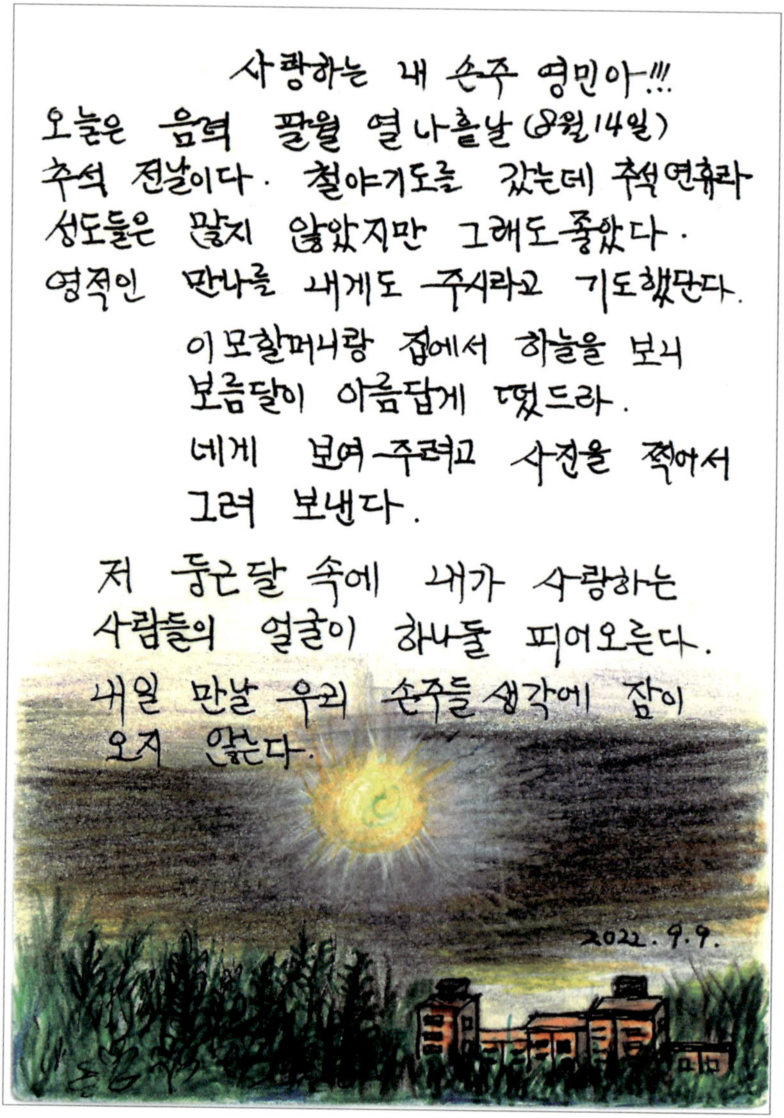
사랑하는 내 손주 영민아!!!
오늘은 음력 팔월 열나흘날(8월14일)
추석 전날이다. 철야기도를 갔는데 추석연휴라
성도들은 많지 않았지만 그래도 좋았다.
영적인 만나를 내게도 주시라고 기도했단다.
이모할머니랑 집에서 하늘을 보니
보름달이 아름답게 떴드라.
네게 보여주려고 사진을 찍어서
그려 보낸다.
저 둥근달 속에 내가 사랑하는
사람들의 얼굴이 하나둘 피어오른다.
내일 만날 우리 손주들 생각에 잠이
오지 않는다.
2022. 9. 9.

70

다섯 손자들1

사랑하는 내 손주 영민아!!!
오랫만에 너희들이 와서 이번 추석은
너무도 기쁜 명절이 되었다.
어제 너희들이 간후 오늘 유인이형네가
할머니 집으로 온다니까 너희들이 또
우리집에 오겠다는 말에 할머니는
너무도 반갑고 좋았다
유인이형과 오랫만에 만나게 되어 얼마나
좋았니. 우리 다섯 손주들 다 한자리에서
볼수 있어서 올추석은 행복했다.
2023. 9. 13.

심장판막수술 2년째

사랑하는 영민아!!!

오늘은 할머니가 심장판막 수술한지 2년이 되는 날이다. 그래서 할머니는 생일을 바꾸기로 했어. 왜냐하면 수술하지 않았다면 할머니는 죽었을 거야.

2020년 9월 17일. 수술했기 때문에 살게되어 이 날을 할머니 생일로 정했단다.

그런데 영민아! 할머니 입원했을 때, 퇴원했을때 너희들은 한번도 할머니 집에 오지 않았지? 넘 서운했었다.

오늘 할아버지가 맛있는 점심 사주셔서 정말 좋았어. 우리 영민이 생일 10월28일 이지? 할머니가 선물 사줄게 생각해봐...

72

불곡산

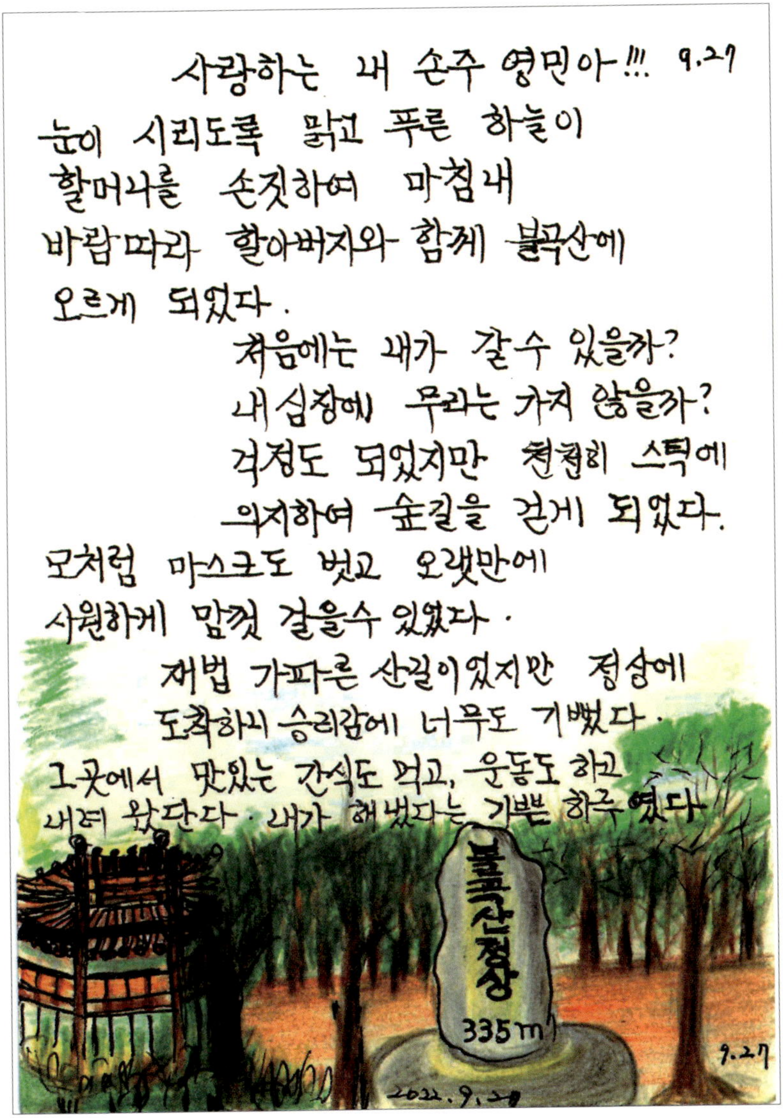

사랑하는 내 손주 영민아!!! 9.27

눈이 시리도록 맑고 푸른 하늘이
할머니를 손짓하여 마침내
바람따라 할아버지와 함께 불곡산에
오르게 되었다.
처음에는 내가 갈수 있을까?
내 심장에 무리는 가지 않을까?
걱정도 되었지만 천천히 스틱에
의지하여 숲길을 걷게 되었다.
모처럼 마스크도 벗고 오랫만에
시원하게 맘껏 걸을수 있었다.
제법 가파른 산길이었지만 정상에
도착하니 승리감에 너무도 기뻤다.
그곳에서 맛있는 간식도 먹고, 운동도 하고
내려 왔단다. 내가 해냈다는 기쁜 하루였다

73

아름다운 달밤

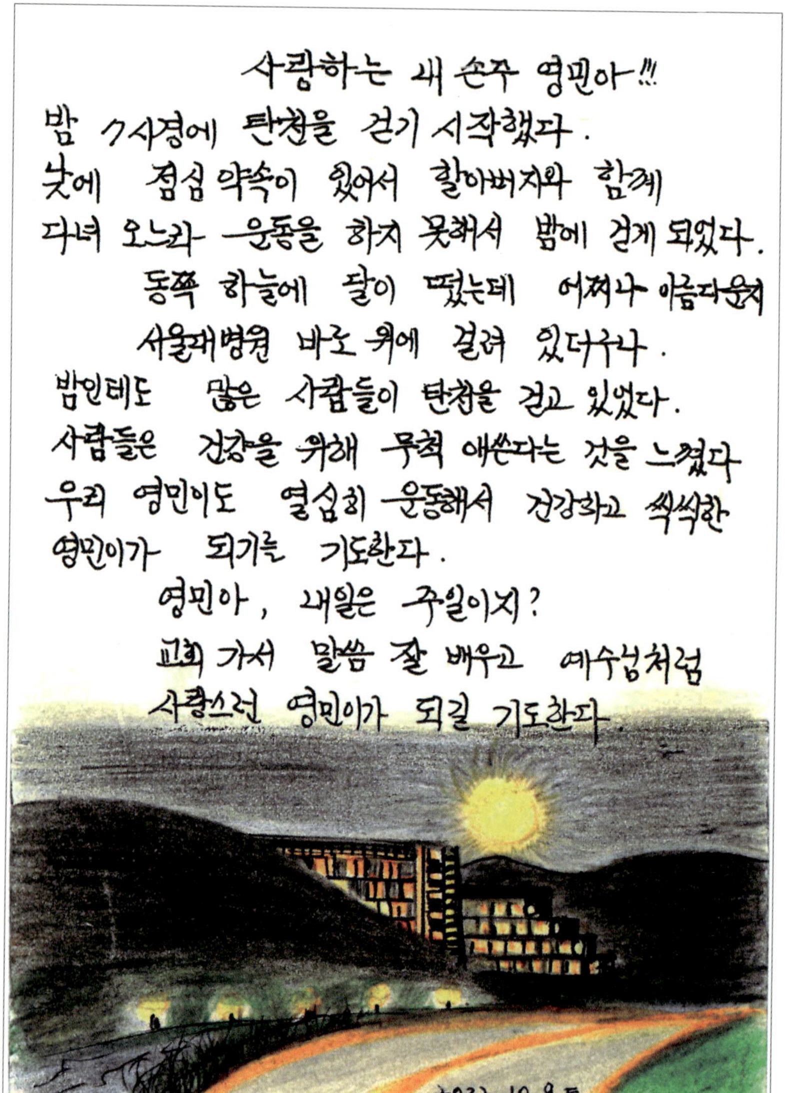

사랑하는 내 손주 영민아!!!

밤 7시경에 탄천을 걷기 시작했다.
낮에 점심 약속이 있어서 할아버지와 함께
다녀 오느라 운동을 하지 못해서 밤에 걷게 되었다.
동쪽 하늘에 달이 떴는데 어쩌나 아름다운지
서울대병원 바로 위에 걸려 있더구나.
밤인데도 많은 사람들이 탄천을 걷고 있었다.
사람들은 건강을 위해 무척 애쓴다는 것을 느꼈다
우리 영민이도 열심히 운동해서 건강하고 씩씩한
영민이가 되기를 기도한다.
영민아, 내일은 주일이지?
교회 가서 말씀 잘 배우고 예수님처럼
사랑스런 영민이가 되길 기도한다.

2022.10.8.토

74

가을 소리

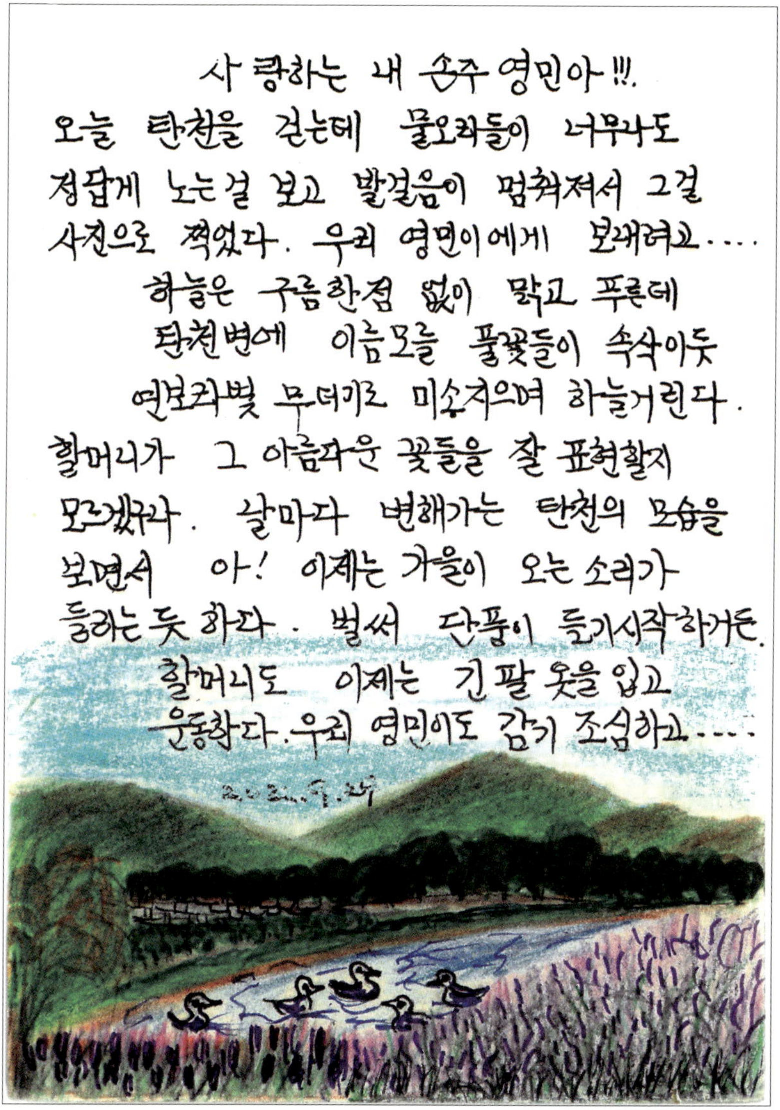

사랑하는 내 손주 영민아!!!.
오늘 탄천을 걷는데 물오리들이 너무나도
정답게 노는걸 보고 발걸음이 멈춰져서 그걸
사진으로 찍었다. 우리 영민이에게 보내려고....
하늘은 구름한점 없이 맑고 푸른데
탄천변에 이름모를 풀꽃들이 속삭이듯
연보라빛 무더기로 미소지으며 하늘거린다.
할머니가 그 아름다운 꽃들을 잘 표현할지
모르겠구나. 날마다 변해가는 탄천의 모습을
보면서 아! 이제는 가을이 오는 소리가
들리는 듯 하구나. 벌써 단풍이 들기시작하거든.
할머니도 이제는 긴팔 옷을 입고
운동한다. 우리 영민이도 감기 조심하고....

75

할머니의 손주 사랑 이야기

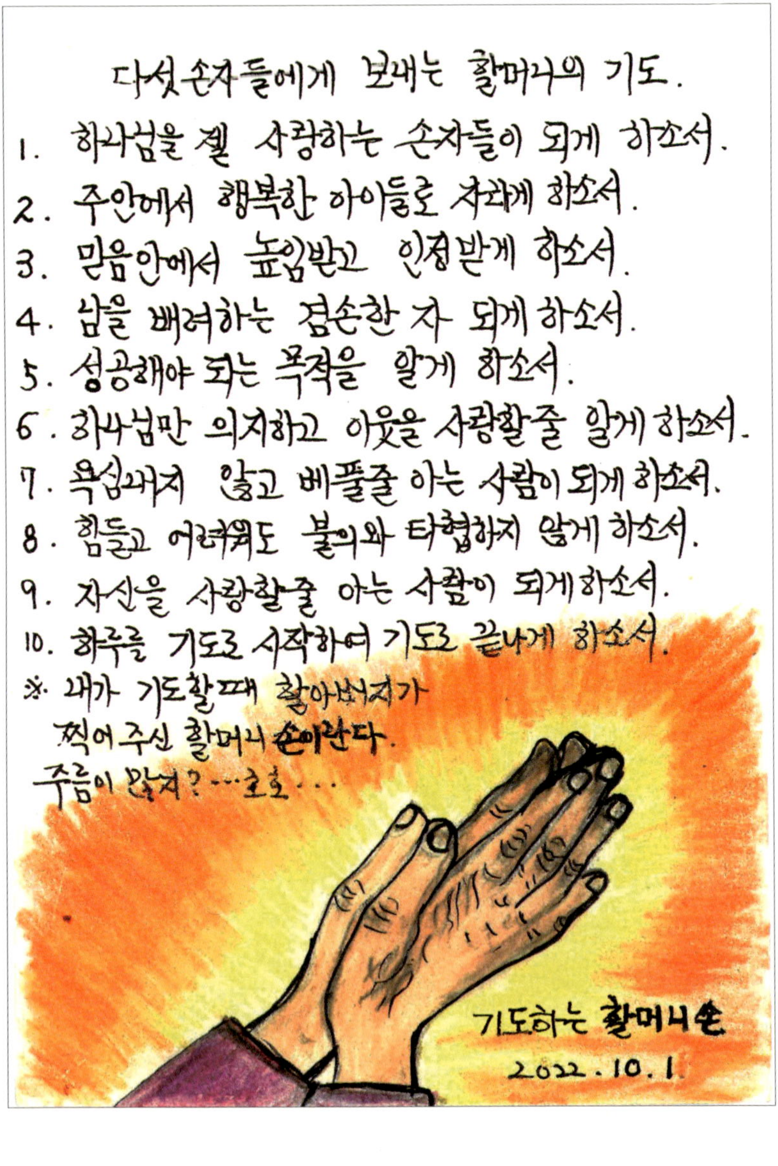

76

황금 물결

사랑하는 내 손주 영민아!!!

어제 주일 예배 끝나고 오후에 장로님들과
속리산 수련회를 갔었다.

가면서 들녘을 보니 누렇게 벼가
익어가는 모습을 보고 아! 정말
오랫만에 보는 시골. 벼농사를 보게되어
옛날 내가 살던 고향생각이 나더구나.

역시 가을은 황금물결로 덮인 들판의 모습이
최고의 자랑거리임을 느꼈다.

충청도 보은에서 달고 맛있는 대추를 사서
먹었는데 우리 손주들 생각이 났지만
너희들이 할머니 집에 오지 않으니 줄 수가
없구나. 소목사님의 말씀도 은혜롭고 장로
회장인 할아버지의 축하 메시지도 좋았다.

77

세조길

2022. 10. 3. 사랑하는 내 손주 영민아!!!

오전에 세미나 마치고 맛난 능이버섯 닭백숙으로
점심식사를 하고 등산을 하였다.
속리산 세조길을 걸어서 올라가는데 숲길이 어찌나
아름다운지 나무들이 하늘을 가려서 너무나
시원하고 좋았다. 그래서 그 옛날 세조왕이 병이
났는데 이곳을 걸으며 치료했다고 해서
세조길이라고 하는구나.

언제나 와서 걸어봐도 좋은곳 세조길!!!
새소리. 풀벌레 소리들이 속삭이듯 들리고....
이 아름다운 세상을 주신 하나님께 감사하며
할머니가 다시 살아서 등산할수 있어서 하나님의 은혜다.

78

시월의 하늘

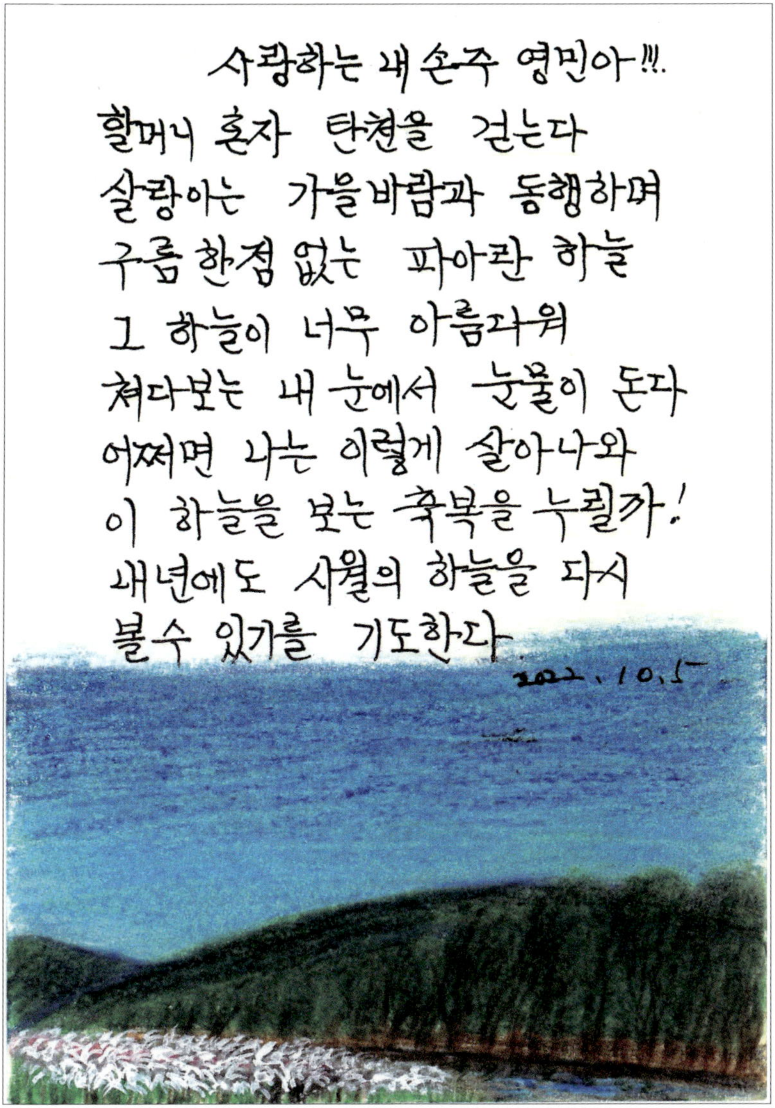
사랑하는 내 손주 영민아!!!.
할머니 혼자 탄천을 걷는다
살랑아는 가을바람과 동행하며
구름 한점 없는 파아란 하늘
그 하늘이 너무 아름다워
쳐다보는 내 눈에서 눈물이 돈다
어쩌면 나는 이렇게 살아나와
이 하늘을 보는 축복을 누릴까!
내년에도 시월의 하늘을 다시
볼수 있기를 기도한다.
2022. 10. 5

고모 옷

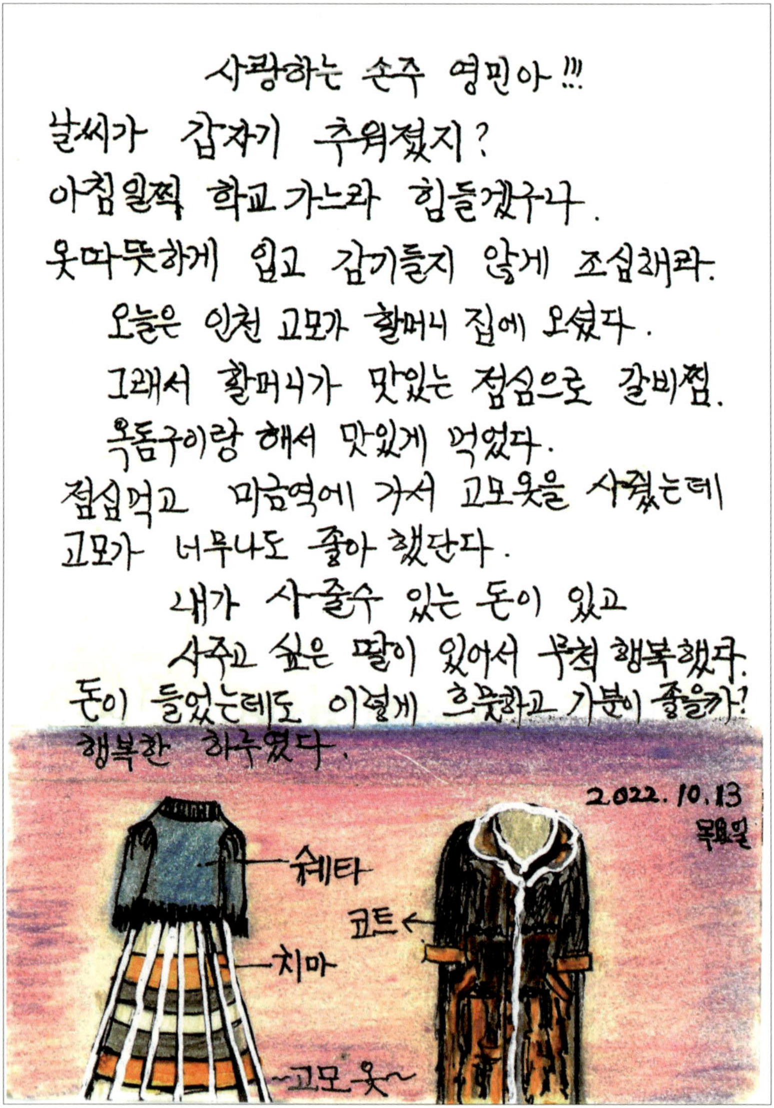

사랑하는 손주 영민아!!!

날씨가 갑자기 추워졌지?

아침일찍 학교 가느라 힘들겠구나.

옷따뜻하게 입고 감기들지 않게 조심해라.

오늘은 인천 고모가 할머니 집에 오셨다.

그래서 할머니가 맛있는 점심으로 갈비찜.

옥돔구이랑 해서 맛있게 먹었다.

점심먹고 마곡역에 가서 고모옷을 사줬는데

고모가 너무나도 좋아 했단다.

내가 사줄수 있는 돈이 있고

사주고 싶은 딸이 있어서 무척 행복했다.

돈이 들었는데도 이렇게 흐뭇하고 기분이 좋을까!

행복한 하루였다.

2022.10.13

목요일

80

아빠 양복

2022.10.14.금. 사랑하는 내 손주 영민아!!!

어제는 고모가 오더니 오늘은 아빠가
우리집에 오셨다. 웬일이니 딸과 아들을
다 만날수 있어서… 너무나 행복했다.
나는 점심 준비하느라 무척 바빴다.
갈비. 꽃등심 .등갈비찜등 … 12시 경에
아빠가 오셔서 맛있게 점심을 먹고 아빠
겨울양복사러 갔다 . 양복이 많이 비쌌어.
그래서 두번째로 비싼 양복을 사고. 와이샤쓰 3장.
티샤쓰 2장을 샀다. 어제 오늘 옷값으로 돈이
많이 들었어도 행복했다. 내 사랑하는 자식들이라는
것 때문에… 너도 이담에 부모가 되면 내맘 알거야…

81

탄천의 단풍

사랑하는 내 손주 영민아!!!

지난번에는 겨울처럼 춥더니 오늘은 봄날씨 처럼 따스하고 바람도 없고 하늘이 높고 파랗다. 운동하기에 아주 좋은 날이다.

그래서 탄천으로 나갔는데 아니 벌써 나무들이 울긋불긋 단풍이 들었더라. 어느새 가을이 성큼 다가와 저렇게 나무들이 물이들었네....
하면서 우리 영민이 생각을 했지
영민아, 네 생일이 10월 28일이지? 할머니가 좋은 선물 해주고 싶은데... 우리 착하고 예쁜 영민이를 우리 손주로 보내주신 하나님께 감사드린다.

82

분당서울대학교병원

사랑하는 내 손주 영민아!!!.

오늘은 6개월만에 서울대학교 병원에 가서
오전에 검사하고 오후에는 내 심장판막
수술했던 의사를 만나는 날이다.
엑스레이. 심전도. 혈압. 심장기능이 모두
정상이란 말을듣고 너무나 기뻤다.
2년전에 수술하러 올때가 엊그제 같은데
이제 이렇게 건강하게 살수 있어서 감사하다.
그 의사 선생님이 너무도 고맙더라.
약 처방받고 6개월 후에 다시 보자는 말을 듣고
뛸듯이 기뻐서 너에게 소식 보낸다. 하늘이 파랗고
아름답다.

2022.10.24.월

남산 서울타워

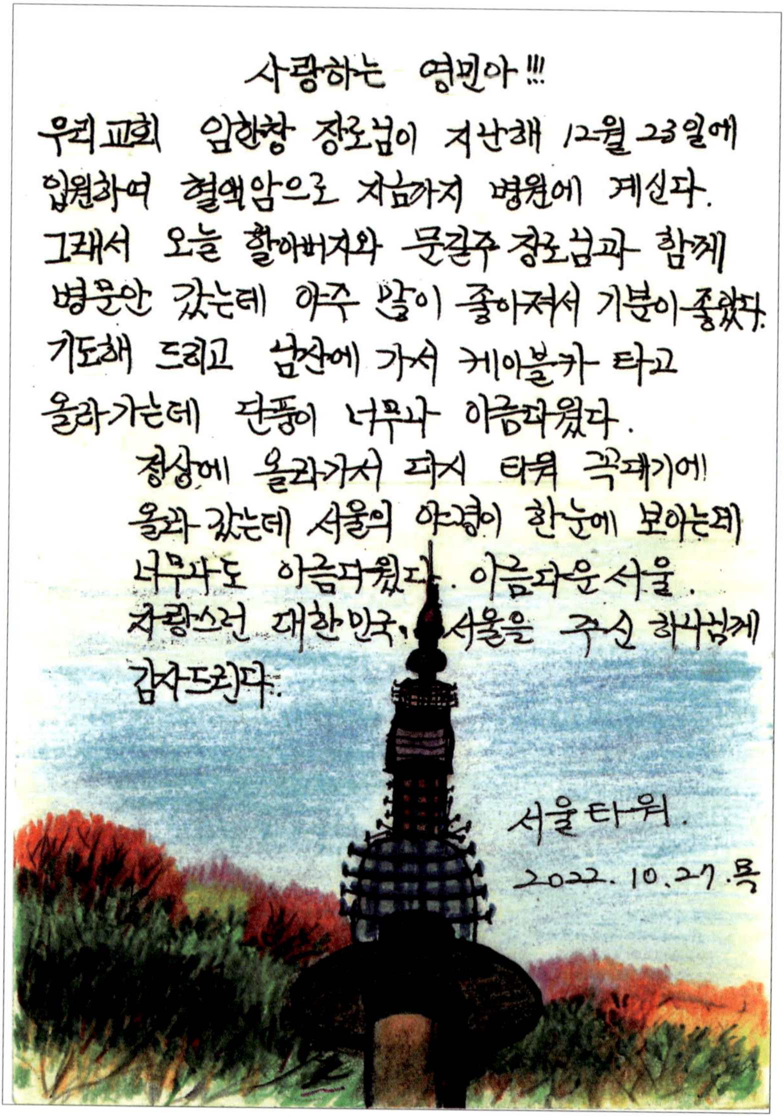
사랑하는 영민아!!!
우리교회 임한창 장로님이 지난해 12월 23일에
입원하여 혈액암으로 지금까지 병원에 계신다.
그래서 오늘 할아버지와 문길주 장로님과 함께
병문안 갔는데 아주 많이 좋아져서 기분이 좋았다.
기도해 드리고 남산에 가서 케이블카 타고
올라가는데 단풍이 너무나 아름다웠다.
정상에 올라가서 다시 타워 꼭대기에
올라 갔는데 서울의 야경이 한눈에 보이는데
너무나도 아름다웠다. 아름다운 서울.
자랑스런 대한민국, 서울을 주신 하나님께
감사드린다.
서울타워.
2022. 10. 27. 목

그림 속의 생일 축하

사랑하는 내 손주 영민아!!!

오늘은 우리 영민이 열번째 생일!

영민아, 생일축하한다. 우리 영민이 할머니가
뭣이든 다 해주고 싶은데 너를 만나지 못해서
안타깝구나. 우리 착한 영민이 보고싶다.

영민아, 너 어릴때 너무도 예뻤다.
네가 아빠와 할아버지를 젤 많이 닮았어.
우리 영민이가 올해 열살, 10년 동안 잘
키워주신 하나님께 감사드린다.

영민아, 예수님 마음을 본받아서 소외당하고
불쌍한 사람들을 많이 돕는 사람이 되기를 기도한다.

※ 6시 넘어서 우리 영민이와 극적인 통화를 했다.

85

가천대 과학영재 시험

사랑하는 내 손주 영민아!!!

날씨가 아주 맑고 따스한 가을날이구나
아침 일찍 일어나 갓김치 담고, 머리감고 열심히
외출 준비를 했단다.

오늘 유인이 형이 과학영재 면접 보는 날이어서
할아버지와 함께 가천대에 가려고 분주하다.
가천대 AI 공학관에서 하는데 그곳에서 고모네를
만나 유인이 형은 시험장으로 들어가고 우리는
기도하며 기다렸다. 다 끝나고 나왔는데
떨리고 어려웠단다. 발표는 11월 합격하길....

고모가 야탑에 있는 고메스퀘어에서
점심을 사줘서 아주 맛나게 먹었다
오늘은 정말 정말 기분 좋은 날이었다.

"하나님, 우리 유인이 꼭 합격하게 해주세요!!"

2022.10.29.토

86

코스모스

사랑하는 명민아!!!

오늘 고모네 식구들이 인천에서 할머니 생신 축하하러 오셨다. 하늘선에서 맛있는 점심 먹고 광교 호수공원에 갔는데 너무나도 아름답고 가슴이 탁 트이는것 같아 좋더라.

그 넓은 벌판에 코스모스가 아주아주 많이 피어서 그곳에서 사진도 찍고 재미 있었다.

호수 둘레길을 걷는데 주변에 나무들이 단풍 들어 물에 비치니 더욱 멋있어서 마치 딴 세상에 온것 같은 착각이 들 정도였다.

호수에 나온 사람들도 많았고 이렇게 아름다운 가을에 이태원 사건때문에 슬펐다.

2022.10.31. 그러나 우리 딸이 있어서 행복했다.

곤드레 밥

사랑하는 영민아!!!

수요예배 끝나고 우리 장애인 사랑부
고미란 선생님이 할머니 생일이라고 점심
사 줘서 먹었는데 그 음식점은 아주
멀더라.

용인시청을 지나 아주 먼 산골짜기에
있는데 사람들이 많이 있어서
기다렸다가 들어갔는데 맛있다고
소문이 나면 이런곳까지도 찾아오나 보더라.

점심 먹고 찻집에서 차를 마신후 탄천 근처에
내려 줘서 걸어오는데 단풍이 아름다워 그려 보냈다.

생일축하

사랑하는 영민아!!!

오늘이 음력 10월 열흘. 할머니 진짜 생일이다
새벽기도 다녀와서 카톡으로 말씀 보내고
미역국과 갑오징어 통으로 쪄서 이모할머니랑 맛있게
아침 먹고 저녁에는 아빠가 너희 셋 데리고
생일 축하하러 온다기에 보고 싶은 우리 아들과
손주들 먹일 생각에 하루종일 장만하였다.
갈비찜, 갑오징어찜. 묵은김치와 등갈비 찜등
그리고 가을에 나오는 검은녹색의 호박과
생조기찜. 이렇게 음식을 해도 하나도 힘들지
않고 저녁시간을 기다렸다. 그런데 경민이가
오지 않아서 할머니가 섭섭했단다.
아빠. 영민. 장민이와 함께 즐거운 생일을 보냈다.

2022. 11. 3. 목.

옥수수

사랑하는 내 손주 영민아!!!

남궁권사님은 내가 오랫동안 기도해드리며
사랑하는 권사님이시다. 반찬 좀 해서 갖다
드리고 오는 길에 트럭에서 옥수수를 팔고 있더라.
한봉(2개)지를 사서 먹어보니 너무도
맛있어서 할머니 배낭을 매고 다시
그곳으로 가서 2만원에 7봉지를 받아왔다.
냉동실에 넣어서 우리 손주들 오면
쪄 줄려구…
맛있는 것이 있으면 언제나 너희들 생각이 난단.
세상에서 주고 싶은 사람이 옆에 있는게
가장 행복이라고 생각한다. 아무리 해 주고 싶어도
이 세상에 없으면 너무도 슬픈 일이지……!!!

2022. 11. 12. 토

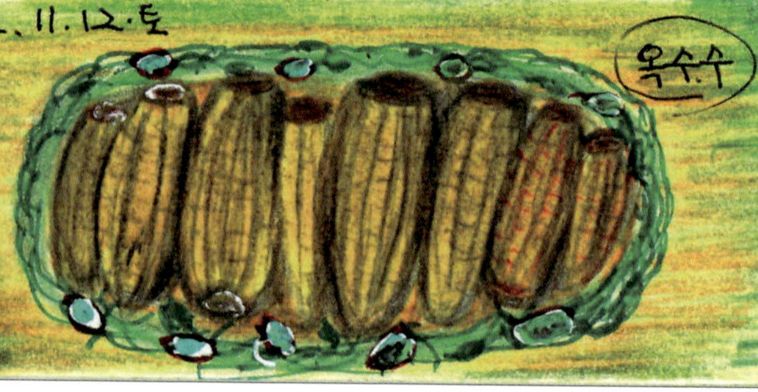

90

새에덴 구국기도원

사랑하는 내 손주 영민아!!!

후반기 교역자 워크샵이 우리 새에덴교회
구국 기도원에서 있었다.
지난번 내린 비로 기도원 가는 길이 많이 파이고
보수를 하지 않아서 정말 차들이 거북이
처럼 기어갔다. 도착하여 목사님의 한국교회가
나아갈 방법을 제시해 주셨고 점심시간이
되어 돼지고기 바베큐를 먹었는데
아주 맛있더라.
참 아빠도 같이 워크샵 참석하셨다
난 우리 아들을 볼수 있어서 참 좋았다.
기도원을 둘러싼 가을 산이 너무도 좋아서 보낸다.

고구마

사랑하는 손주 영민아!!

마트에서 시장보고 집에 와 보니 문앞에
택배 두상자가 와 있지 않겠니. 자세히
보니 전주에서 김명희 집사님이 보낸
호박 고구마였다. 그 순간 경민이가
호박 고구마 춤추던 생각이 나더구나.
한 상자는 너희집에 보낼께.
맛있는거 있으면 언제나 손주들
생각이 먼저 나거든….
날마다 기도해 주시는 목사님께 너무나
감사해서 보낸거래. 세상에서 이런 따뜻한
정을 나눌수 있어서 감사하다.

2022. 11. 15.화.

더 기도를 해 드려야겠다는 생각이 든다

92

롯데월드

사랑하는 내 손주 영민아!!!

할머니가 서울 원당초등학교에 있을때
롯데월드 가보고 오늘 처음으로 가보게 되었다.
우리교회 권용관 장로님 딸 결혼식을 그곳
76층에서 했거든. 와~ 정말 어마어마 하더라.
125층이라는데 끝이 잘 보이지 않아.
사람들도 넘 많고. 결혼식 로비에
들어서니 꽃장식도 정말 아름답게
잘 꾸며져 있었다. 식사도 모두 서빙해
주어서 편안한 맘으로 먹을수 있어서 행복했다.
담에 너희들과 같이 구경오면 좋겠더구나.

롯데월드
2022.11.19.토

월드컵 개최국 카타르

2022.11.24 사랑하는 내 손주 영민아!!!
너 '카타르'란 나라 이름 들어 봤니?
할머니는 너무나도 생소한 나라여서
궁금했는데 수도는 '도하'요 아라비아
반도에서 돌출한 아주 작은 나라더구나.
종교는 이슬람교. 인구는 271만 정도
면적은 세계 164위로 정말 작은나라인데
이렇게 큰 월드컵 경기를 하다니
놀랬다. 오늘 우루과이와 축구를 하는데
이겼으면 좋겠다. 벌써 우리나라 응원단이
그곳 도하에 많이 모여든다. 아~!!!
이겨야 할텐데......!

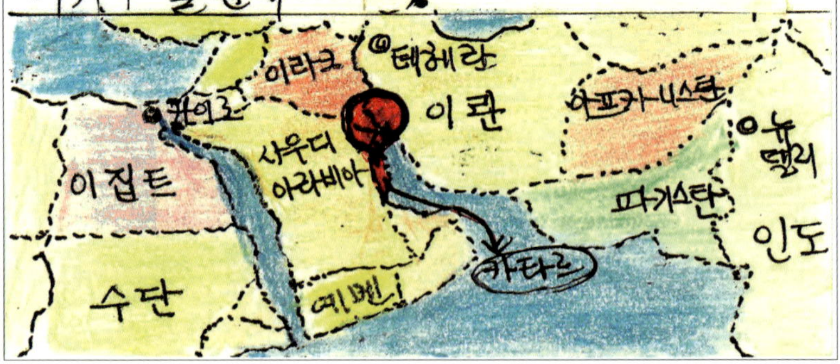

94

월드컵 축구

사랑하는 내 손주 영민아 !!!

오늘은 카타르 월드컵 우리나라와 우르과이가 축구 경기를 하는 날이다. 2002년의 4강의 꿈을 다시한번 이뤄주기를 기도한다.

우리의 손흥민은 마스크를 쓰고 나라를 위해 뛴다. 꿈은 다시 이뤄지기를 기도한다.

모든국민을 한맘으로 만드는 스포츠!

우리 선수들 지금 뛰고 있다. 너무너무 떨려서 글씨가 써지질 않는다. 전반전 끝났다.

와! 정말 손이 떨린다. 꼭 이겨야 할텐데….

다시 후반전이 시작됐는데 손흥민이 쓰러졌다. 아이구 어쩌나. 일어났다.

0 : 0 비겼다. 12시가 됐구나. 어서 자야지….

그래도 새벽기도는 가야지…!!!

2022. 11. 24. 목

95

조규성 멀티골

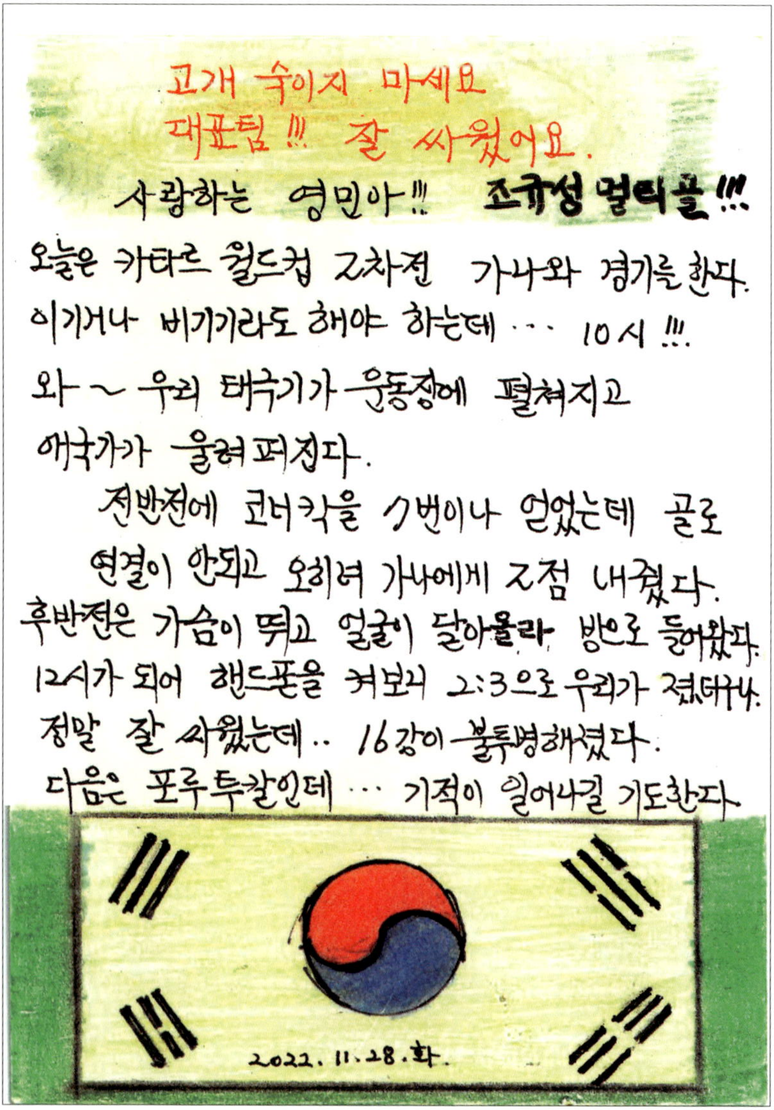
고개 숙이지 마세요
대표팀!!! 잘 싸웠어요.

사랑하는 영민아!!! 조규성 멀티골!!!

오늘은 카타르 월드컵 2차전 가나와 경기를 한다.
이기거나 비기기라도 해야 하는데 … 10시!!!.
와 ~ 우리 태극기가 운동장에 펼쳐지고
애국가가 울려퍼진다.
전반전에 코너킥을 7번이나 얻었는데 골로
연결이 안되고 오히려 가나에게 2점 내줬다.
후반전은 가슴이 뛰고 얼굴이 달아올라 방으로 들어왔다.
12시가 되어 핸드폰을 켜보니 2:3으로 우리가 졌더구나.
정말 잘 싸웠는데.. 16강이 불투명해졌다.
다음은 포루투갈인데 … 기적이 일어나길 기도한다

2022. 11. 28. 화.

96

한국이 포르투갈을 2:1로 이기다

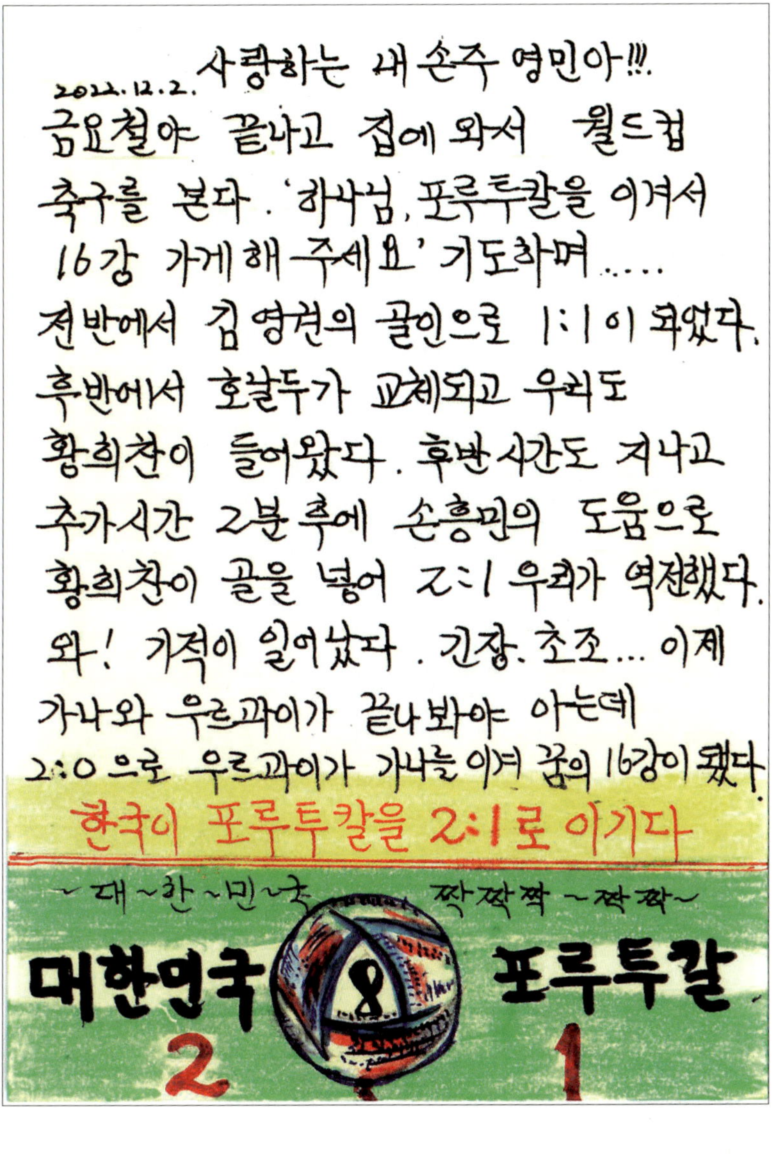

2022.12.2. 사랑하는 내 손주 영민아!!!
금요철야 끝나고 집에 와서 월드컵
축구를 본다. '하나님, 포루투칼을 이겨서
16강 가게 해 주세요' 기도하며.....
전반에서 김영권의 골인으로 1:1이 되었다.
후반에서 호날두가 교체되고 우리도
황희찬이 들어왔다. 후반 시간도 지나고
추가시간 2분 후에 손흥민의 도움으로
황희찬이 골을 넣어 2:1 우리가 역전했다.
와! 기적이 일어났다. 긴장. 초조... 이제
가나와 우르과이가 끝나봐야 아는데
2:0으로 우르과이가 가나를 이겨 꿈의 16강이 됐다!

한국이 포루투칼을 2:1로 이기다

~대~한~민~국 짝짝짝 ~짝짝~
대한민국 2
포루투갈 1

97

나이 들어 좋은 점

사랑하는 영민아!!!
나이 들어서 좋은 점이 뭣인줄 아니?
시간 제약을 받지 않아서 좋다.
자고 싶으면 자고. 쉬고 싶으면 쉬고..
가기 싫으면 안가도 되는.....
내 마음가는대로 해도 되는게 너무나도
좋다. 많은 약속이 없어지고 누구의
간섭을 받지 않아서 좋고. 그러나
단 한가지 하나님께만 매여 사는 삶!
정말 행복하단다.

98

한국과 브라질 축구

사랑하는 영민아!!!

브라질과 대한민국이 축구하는 날.

브라질이 그골 넣는 것보고 새벽기도 갔다

끝나고 오니 4:1로 우리가 졌더구나

지난밤에 축구보려고 잠을 설치는 바람에 다시

잠을 자고 일어나니 눈이 하얗게 내렸더라

길에도, 나무에도, 자동차 위에도...

내일 김장을 하기 때문에 오늘

갓이랑. 파랑. 돼지고기랑. 또 사과.

양파 갈고 그래서 너무 무거워서

할아버지께 전화해서 같이 가지고 집으로 왔다.

김치가 맛있게 담아지면 좋겠구나.

2022.12.6

화.

김장

사랑하는 내 손주 영민아 !!!

오늘은 우리집 김장하는 날이다.
20kg 짜리 절임배추 6박스를 주문해서
담는데 아주 많구나. 새벽 4시에 일어나서
끓여놓은 다시물에 고추가루를 풀고 새벽기도
다녀와서 모든 양념을 다 넣고 버무려서
배추에 묻히면 김치가 되는거다.
이모할머니. 고모. 할아버지. 나. 교회 권사님
다섯사람이 힘을 모아 김장을 했다. 다 하고 나서
돼지고기 수육에. 미역국. 찰밥에 밥을 먹으니
아주 맛있더라. 근데 김치가 아주 맛나게 담아져서
기분이 좋다. 김치성공. θ의 은혜....!!!

2022.12.7.수.

100

할아버지 생신

사랑하는 내 손주 영민아!!

오늘은 할아버지 생신 날이다. 국가조찬 기도회에서 할아버지 생신 축하 화분도 오고…. 인천에 사는 고모네 식구들도 모두 오시는데 너희들은 또 안온다는구나. 그래서 유인이형네와 고메스 뷔페에서 생신축하를 하고 집으로 오는데 너희들이 태권도 가지 않고 할머니 집으로 온다는 연락이 와서 그 소식을 들은 유인이 형은 뛸듯이 기뻐하며 소리지르더구나.

오랫만에 너희들과 고모네가 모두 만나게 되어 오늘은 정말 기쁘고 행복한 날이었다.

2022. 12. 26.

101

목사님의 염원

사랑하는 내 손주 염민아!!!
우리 소강석 목사님께서 늘 외치는 말씀!
모래알 하나하나 모여 사막을 이루고
빗방울 하나 하나 모여 강물을 이루고
별 하나하나 모여 은하수를 이루고
나무 한그루 한그루 모여 숲을 이루듯
한국교회가 하나되어 원메시지. 원리더쉽을
이루어 한국교회를 살리고 나라를 살리는
그런 꿈이 이루어지기를 할머니도
간절히 간절히 기도한다.

102

겨울 외투

사랑하는 내 손주 영민아!!!.

지난번 우리집에 왔을때 네 패딩이 작아져서
장민이가 입은걸 봤다. 그래서 할머니가 어제
네 패딩을 사서 아빠께 보냈는데 꼭 맞았으면
좋겠구나. 네 옷을 사기위해 백화점까지 다
다녀봤는데 별로 맘에 드는 것이 없었다.

다시 아울렛 레노마 매장에 와 보니
마침 옷이 괜찮은거 있어서 샀던거다
사이즈가 160 인데 너무 큰지? 모르겠다
네 맘에 들었으면 좋겠는데....
우리 영민이가 이 옷을 입은 모습을
보고 싶구나. 설만 지나면 내년이 된다.

2022.12.30

103

율동공원

사랑하는 내 손주 영민아!!!.

정말 이 해를 보내기 싫은가 보다
계속 끝날까지 엽서를 보내니 말이다
오늘은 이모 할머니와 율동공원에 있는 천지연
이란 식당에서 올해 마지막날 정말 맛있는
점심 먹고 율동공원 호숫가를 거닐게 되었다.
호수는 온통 하얀 얼음으로 뒤덮였고
주위에 산과 나무들이 아름다운
겨울 풍경을 자랑하고 있었다.
겨울대로 그곳은 운치가 있고 멋있었다.
저녁에는 송구영신 예배 서둘러서 저녁 먹고
교회 셔틀버스 타고 가는데 내매지 마을에서
너희들이 타더라. 너무나도 반가웠다 2022.12.31

2023년

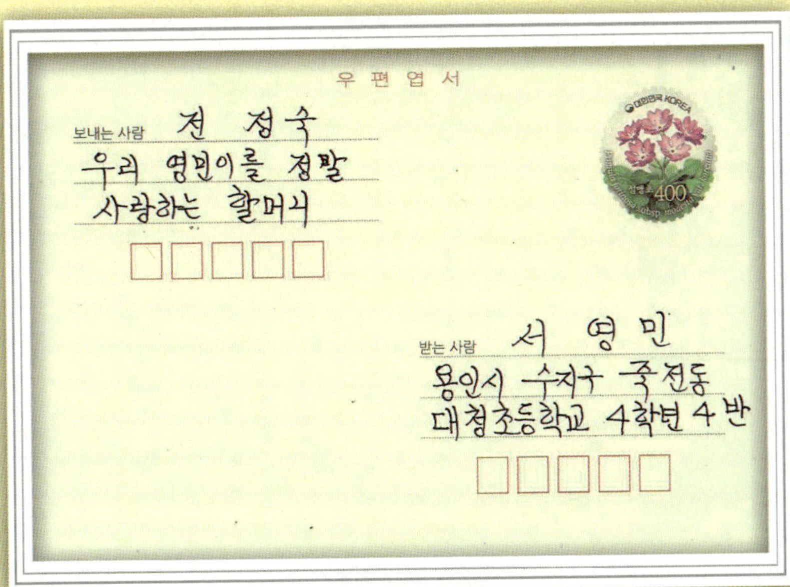
우 편 엽 서
보내는 사람 전 정숙
우리 영민이를 정말
사랑하는 할머니
대한민국 KOREA
400
받는 사람 서 영민
용인시 수지구 죽전동
대청초등학교 4학년 4반

새길을 열라

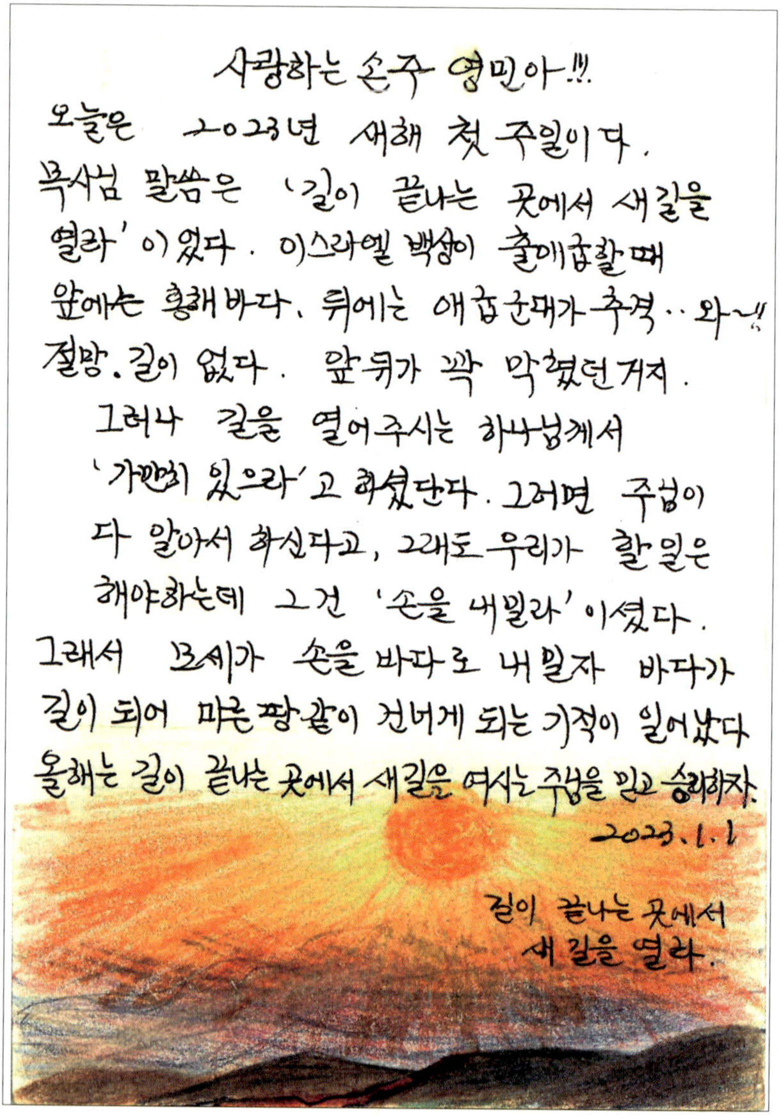

사랑하는 손주 영민아!!!

오늘은 2023년 새해 첫 주일이다.
목사님 말씀은 '길이 끝나는 곳에서 새길을 열라'이었다. 이스라엘 백성이 출애굽할 때
앞에는 홍해바다, 뒤에는 애굽군대가 추격.. 와~!!
절망. 길이 없다. 앞뒤가 꽉 막혔던 거지.
그러나 길을 열어주시는 하나님께서
'가만히 있으라'고 하셨단다. 그러면 주님이
다 알아서 하신다고, 그래도 우리가 할 일은
해야하는데 그건 '손을 내밀라'이셨다.
그래서 모세가 손을 바다로 내밀자 바다가
길이 되어 마른 땅 같이 건너게 되는 기적이 일어났다
올해는 길이 끝나는 곳에서 새길을 여시는 주님을 믿고 승리하자.

2023.1.1

길이 끝나는 곳에서
새 길을 열라.

105

첫 교구사역 기념

사랑하는 손주 영민아!!!

새해 들어 두번째 주일이다.

오늘은 정말 특별히 기쁜 날이었다. 우리 아들, 아니 너희 아빠가 처음 교구사역하는 날이어서… 할머니는 너무도 좋았다. 3층 교구 자리에 여러 목사님들과 전도사님들이 서 있는데 아빠도 계시더라. 얼마나 반갑든지 안아 주었지.

교구사역 잘 하길 기도해 주었고 또 밤예배 때는 제직 헌신 예배 드리는데 할아버지가 장로 회장이시라 사회 보셨는데 아주 잘 하셔서 오늘 하루는 기쁜 주일이었다.

새벽기도 가는 길

사랑하는 내 손주 영민아!!!.

새벽 4시경에 일어나 새벽기도 가는길에
늘 하는 버릇처럼 하늘을 쳐다 봤다.
그런데 정말 큰 보름달이 둥실 떠 있더구나.
와~ 달!!! 얼마나 반갑고 기쁘던지.
할머니가 어릴적에 봤던 그 보름달이....
보름엔 오곡밥을 먹고 더위를 파는 날이지.
그땐 정말 신이나고 재미있었다.
보름날 아침 만나는 사람에게 먼저 '내 더위...
하고 말하면 여름 더위가 그사람에게 간다는 유래.
재밌지? 우리 영민이 또 보고 싶구나.

107

반찬

사랑하는 손주 영민아!!!

인천에 사는 고모가 어제 우리 집에
와서 어제밤 유인이형과 유민이가
너희 집에서 자고 오늘 너희들이
할머니 집에 왔는데 보고 또 봐도
그렇게도 보고 싶은게 손자들인것 같다.
엊저녁 다섯명이 너희집에 다
모였으니 얼마나 시끄러웠을까? 아침에
너희들이 우리집에 다 모였는데
너무도 기뻤다. 여러가지 반찬중
멸치 볶음과 무생채를 영민이 네가 잘
먹어서 다시 만들어 보낸다.

2023. 2. 14

반장선거 소견 발표

사랑하는 손주 영민아!!!

오늘은 2월 마지막 날이다.
긴 - 두달의 방학이 끝나고 이제
내일 모레면 개학이구나.
방학동안 우리 손주들과 여행이라도
가고 싶었는데 너무나도 올 겨울은
추웠고 눈이 많이 와서 엄두를 못냈다.
그런데 벌써 방학이 끝났구나.
등교하여 새학년이 되면 좋은 선생님.
좋은 친구들을 만나길 기도한다.
지난번 할머니 집에서 반장선거 입후보하여
소견발표를 했던 생각이 난다. 반장되면 좋겠구나.

2023. 2. 28

기호4번 서 영민 입니다.

첫째: 반장 서영민은 쉬는시간 50%를 청소하는데 쓰겠습니다

둘째: 우리 반이 공부를 집중할수 있도록하겠습니다

세째: 위 공약을 꼭 지키겠습니다

제 공약을 들어 주셔서 감사합니다

109

핸드백

사랑하는 내 손주 영민아!!!

수요 오전 예배 드리고 아울렛에 가서
할머니 핸드백을 샀다.
할머니가 수술후 들고 다니는 것은
힘들어서 어깨에 매고 다니는 가방이
좋을듯 해서 샀는데 비싸더라
나는 지금까지 이렇게 비싼 가방을
사본적이 없는데 어쩔수 없이
샀던거다. 집에 와서 다시 매어
보니 가볍고 잘 샀다는 생각이 든다.
할아버지와 함께 쇼핑할수 있어서 좋았다.

찬양 인도

사랑하는 내 손주 영민아!!!

~우리 아들 찬양인도~

수요 오전예배 마치고 3층 로비에 있는데
어떤 전도사님이 서성동 목사가 찬양인도
하고 있다며 빨리 본당으로 가보라는
거야.

그래서 본당으로 들어가 보니 정말
아빠가 마이크 잡고 앞에서 찬양하는거야.
할머니도 깜짝 놀랐다. 정말 이건
기적이다. 기적. 내 눈을 의심해서 좀더
가까이 가서 사진 찍어 확대해 봤더니
정말 우리 아들이었다. 세상에 이런 일이....

111

2023년 3월 20일!

사랑하는 내손주 영민아!!!
3년이 지난 오늘 드디어 마스크
쓰지 않아도 되는 날이다. 정부에서
이제 부터는 시내버스나 지하철에서도 마스크
쓰지 않아도 괜찮단다.
와!!! 얼마만이냐,
그런데 거리에 사람들은 지금도 계속
마스크를 쓰더구나. 할머니도 쓰고 있지만...
습관이 이렇게 좀처럼 바뀌지 않는다.
이제 운동장에서 마스크 벗고 운동장에서
맘껏 뛰놀수 있겠구나.
2023.3.20월

112
봄 가뭄

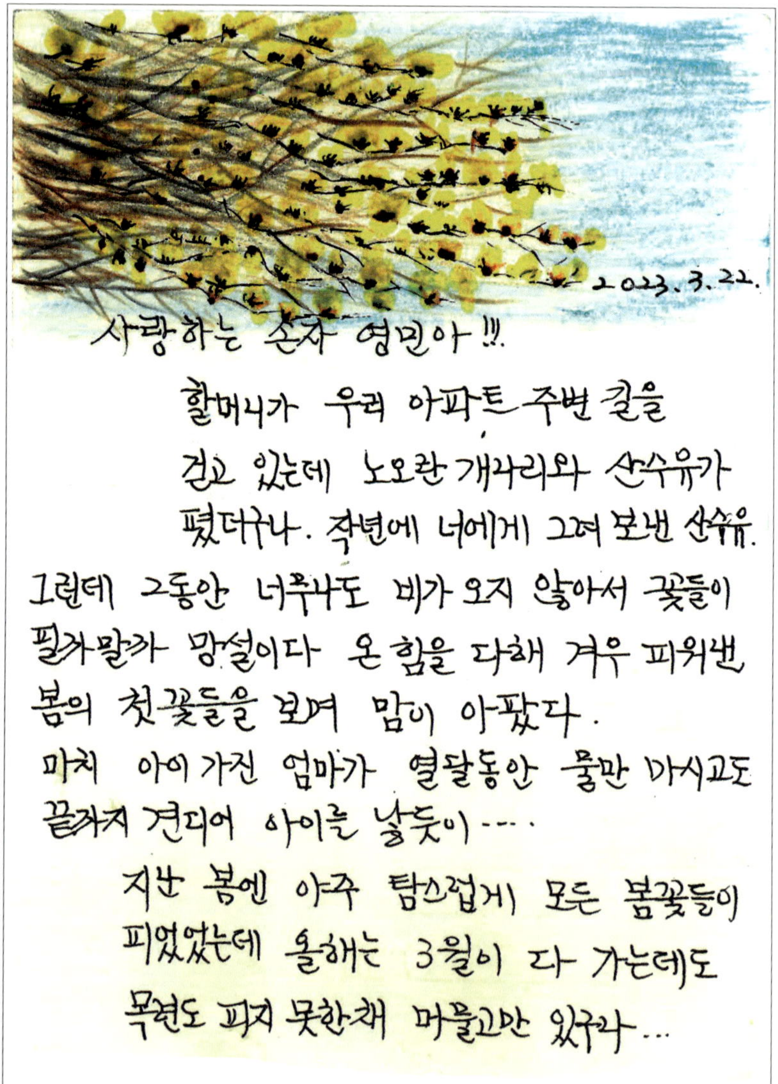
2023. 3. 22.

사랑하는 손자 영민아!!!

할머니가 우리 아파트 주변 길을
걷고 있는데 노오란 개나리와 산수유가
폈더구나. 작년에 너에게 그려 보낸 산수유.
그런데 그동안 너무나도 비가 오지 않아서 꽃들이
필까말까 망설이다 온 힘을 다해 겨우 피워낸
봄의 첫 꽃들을 보며 맘이 아팠다.
마치 아이 가진 엄마가 열달동안 물만 마시고도
끝까지 견디어 아이를 낳듯이····
지난 봄엔 아주 탐스럽게 모든 봄꽃들이
피었었는데 올해는 3월이 다 가는데도
목련도 피지 못한채 머물고만 있구나…

113

하얀 목련

사랑하는 손주 영민아!!..

할머니 집 베란다 건너 편에
하얀 목련꽃이 너무나도 아름답게
피어서 그려 보낸다.

해년마다 피는 꽃이지만
오늘따라 유난히 하얀 꽃잎들이
바람에 흔들리며 손짓 하는것 같아서
그 꽃들과 한참 얘기 나누며
'내가 너희들을 그림으로 그려주마'
하며 순간 이렇게 그려 본다.

분당의 봄

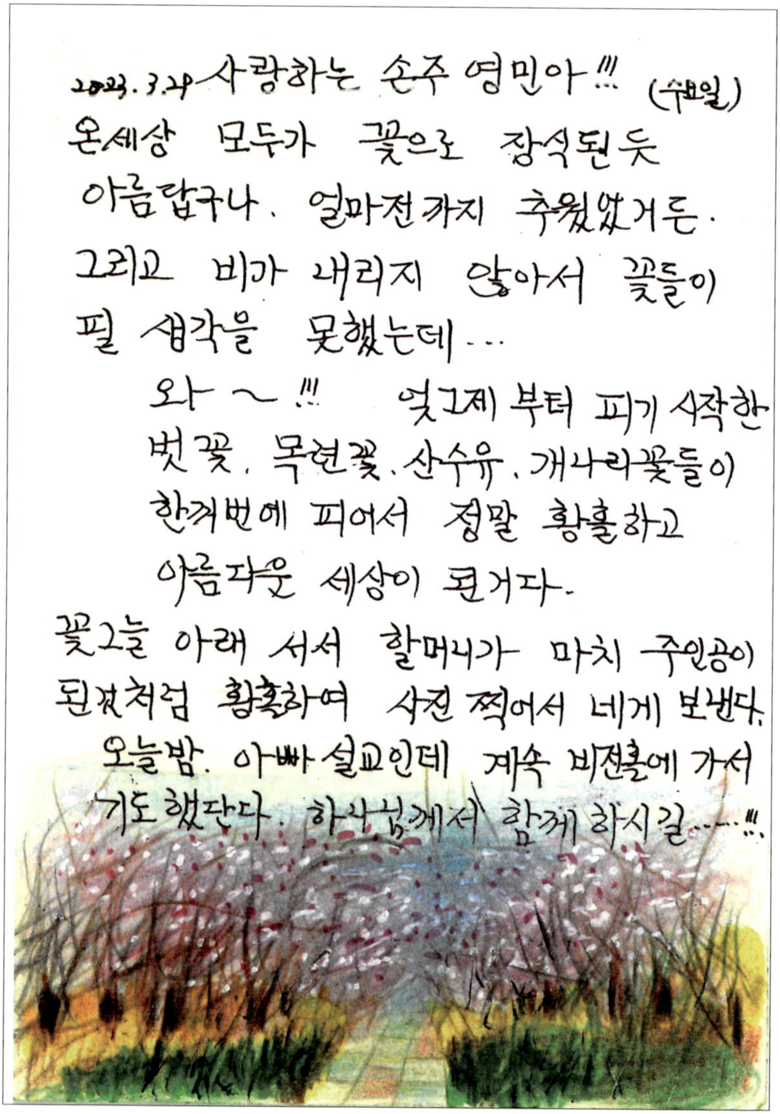

2023. 3. 29 사랑하는 손주 영민아!!! (수요일)
온세상 모두가 꽃으로 장식된듯
아름답구나. 얼마전까지 추웠었거든.
그리고 비가 내리지 않아서 꽃들이
필 생각을 못했는데...
와~!!! 엊그제 부터 피기 시작한
벚꽃, 목련꽃, 산수유, 개나리꽃들이
한꺼번에 피어서 정말 황홀하고
아름다운 세상이 된거다.
꽃그늘 아래 서서 할머니가 마치 주인공이
된것처럼 황홀하여 사진 찍어서 네게 보낸다.
오늘밤. 아빠 설교인데 계속 비전홀에 가서
기도 했단다. 하나님께서 함께 하시길...!!!

115

비

사랑하는 영민아!!!

2023. 4. 5. 수.

비가 내린다
정말 정말 기다리던 비가 내린다
얼마나 반가운 빗소리인지 모른다.
가물어서 먹을 물조차 없었다는데...
산천 초목이 춤을 추듯 기뻐한다.
나무들은 얼굴을 들고 비를 마신다.
목마름이 다가시고 만족의 웃음을 웃는다.
손을 높이 들고 하나님을 찬양하듯
모든 나뭇잎들이 피어 오른다.

할아버지와 함께

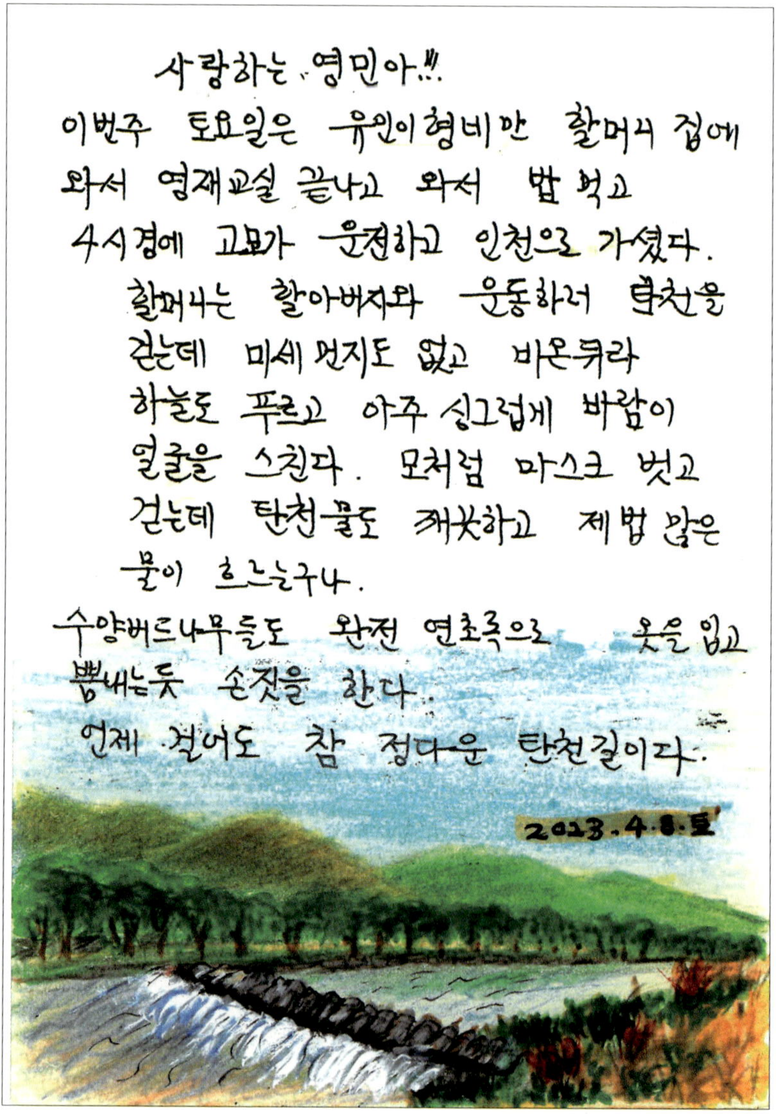

사랑하는 영민아!!!

이번주 토요일은 유인이 형네만 할머니 집에 와서 영재교실 끝나고 와서 밥 먹고 4시경에 고모가 운전하고 인천으로 가셨다.

할머니는 할아버지와 운동하러 탄천을 걷는데 미세먼지도 없고 비온뒤라 하늘도 푸르고 아주 싱그럽게 바람이 얼굴을 스친다. 모처럼 마스크 벗고 걷는데 탄천 물도 깨끗하고 제법 많은 물이 흐르는구나.

수양버드나무들도 완전 연초록으로 옷을 입고 뽐내는듯 손짓을 한다.

언제 걸어도 참 정다운 탄천길이다.

2023.4.8.토

117

부활절 퍼레이드

사랑하는 영민아!!!

오늘은 부활주일이다. 2023.4.9. 주일

주일예배 끝나고 오후 2시부터 서울
광화문에서 열린 부활절 퍼레이드가
CTS 생방송으로 생중계 하는데
화면을 보고 깜짝 놀랬다.

할아버지께서 제사장 예복을 입고
법궤 맨 앞에서 행진하는 모습을 보고
와~!!! 우리 가문의 영광이요 자랑이다
자자손손 이 모습을 가슴에 새겨 끝까지
신앙의 지조를 지켜 믿음의 가문을
이루어 가길 기도한다. 부활절 퍼레이드

까발레리아 루스티카나

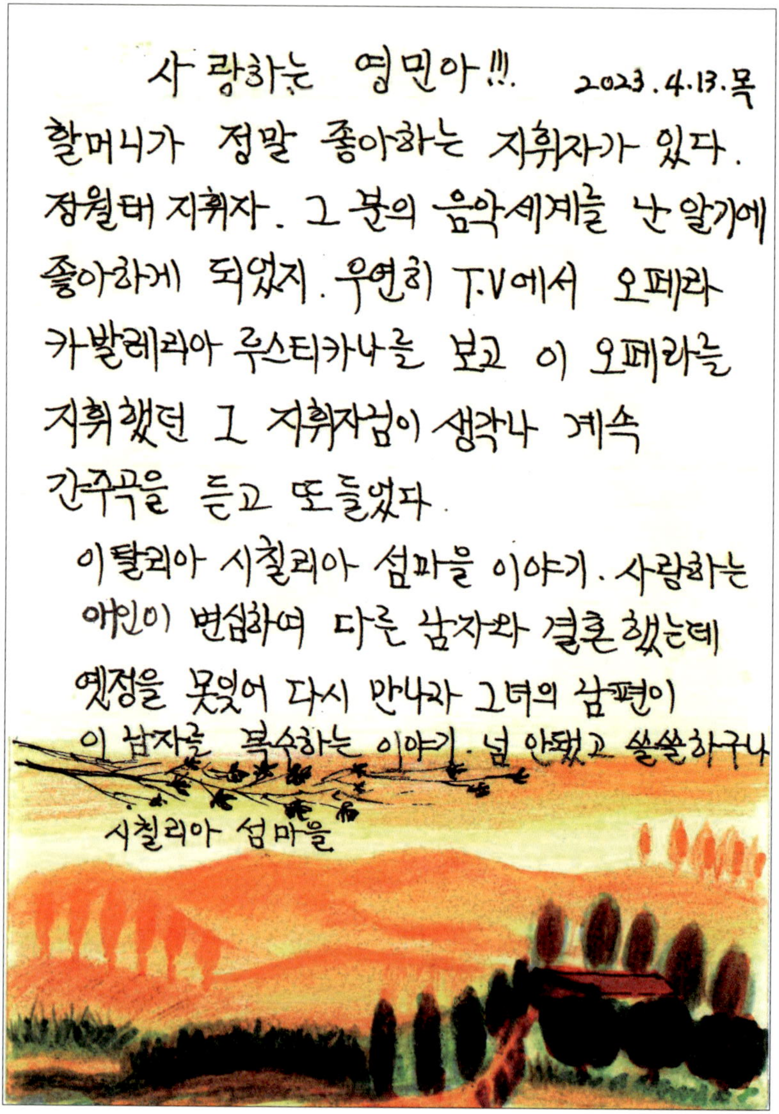

사랑하는 영민아!!! 2023.4.13.목

할머니가 정말 좋아하는 지휘자가 있다.
정월태 지휘자. 그 분의 음악세계를 난 알기에
좋아하게 되었지. 우연히 T.V에서 오페라
카발레리아 루스티카나를 보고 이 오페라를
지휘했던 그 지휘자님이 생각나 계속
간주곡을 듣고 또 들었다.
이탈리아 시칠리아 섬마을 이야기. 사랑하는
애인이 변심하여 다른 남자와 결혼 했는데
옛정을 못잊어 다시 만나자 그녀의 남편이
이 남자를 복수하는 이야기. 넘 안됐고 쓸쓸하구나

시칠리아 섬마을

119

서초 한우리 오케스트라

2023.4.20. 사랑하는 영민아!!!

오늘은 할머니가 정말 바쁘다.
반찬도 하고, 미용실도 가고, 또 오후 4시경에 고미란 선생님과 우리 장애인 사랑부 채원이가 연주하는 예술의 전당도 가야하고…. 그래도 차근차근 다 할수 있어서 다행이었다.

예술의 전당!!! 간만에 느껴보는 이 여유로운 행복감!

황수경 씨의 사회로 시작된 오케스트라 연주. 장애인들의 연주모습. 감동 그 자체였다. 테너 고성현의 특별출연은 잊지 못할 순간이었다.

제 2회 정기연주회

서초 한우리오케스트라

음의색: Colorful Concert

2023.4.20. 목. 7:30. 예술의전당

120

심혈관 센터

사랑하는 내 손주 영민아 !!!

6개월만에 서울대병원 심혈관센터
정기 검진 가는 날이다.
오전에 X-RAY 검사. 심전도. 혈액검사를 하고 오후
1시 30분쯤에 수술의사 임청선생님의 검사결과
면담하러 갔었거든. 사람이 너무 많이 밀려서
4시경에 겨우 의사 쌤과 면담할수 있었다
근데 검사 결과 모든것이 정상이고 깨끗
하다는구나. 내년에는 심장 검사를 해보자는것
너무 좋아서 오는길에 빌라단지에서 운동하는데
어쩌나 꽃이 아름답든지 영민이 생각이 나서
그려 보낸다.

2023. 4. 24 월

121

서울숲1

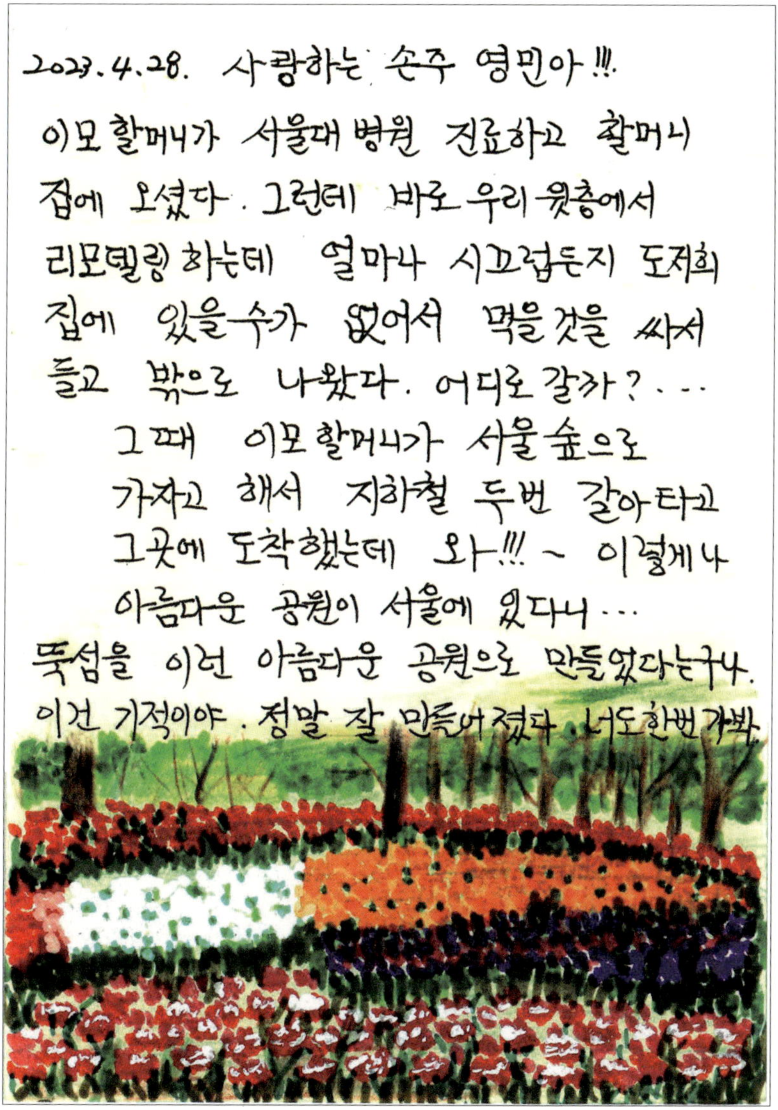
2023.4.28. 사랑하는 손주 영민아!!!

이모할머니가 서울대병원 진료하고 할머니
집에 오셨다. 그런데 바로 우리 윗층에서
리모델링 하는데 얼마나 시끄럽든지 도저히
집에 있을수가 없어서 먹을것을 싸서
들고 밖으로 나왔다. 어디로 갈까?...
그때 이모할머니가 서울숲으로
가자고 해서 지하철 두번 갈아타고
그곳에 도착했는데 와!!!~ 이렇게나
아름다운 공원이 서울에 있다니...
뚝섬을 이런 아름다운 공원으로 만들었다는구나.
이건 기적이야. 정말 잘 만들어졌다. 너도 한번 가봐.

서울숲2

2023.4.28 사랑하는 손주 영민아!!!

서울숲은 산책로가 아주 잘 되어 있고 볼거리가 아주 많았다.

그리고 너무나도 평화롭고 조용하고 아늑한 곳이야.

곤충 식물원. 자연 체험 학습원. 문화예술공원등 곳곳마다 어느것 하나 나무랄데 없이 잘 조성 되었고 화장실이 너무 깨끗하고 바로바로 있어서 좋았다.

서울숲 자랑인 꽃사슴들이 따스한 봄날을 즐기더구나. 잔디밭도 너무 넓고 좋아서 돗자리 깔고 맘껏 즐기는 모습이 행복해 보였다.

123

서울숲3

2023.4.28. 사랑하는 영민아!!!

서울숲 식물원을 들어갔는데 정말
딴 세상에 와 있는것 같았다.
황홀하고 기분이 좋아서 사진도 많이 찍었다.
내 몸과 맘이 한층 더 힐링되고 소녀가 된
기분이다. 이모할머니의 순간의 선택이
우리가 이렇게 행복할 수 있을까.
소풍나온 초등학생처럼 사진도
많이 찍고 나무랑 숲이랑 꽃이랑
모두모두 아름다워서 맘껏 즐기고
이런 아름다운 서울숲을 주신 하나님께 감사.
모든 사람들에게 행복을 주는 서울숲에 감사드린다.

어버이날

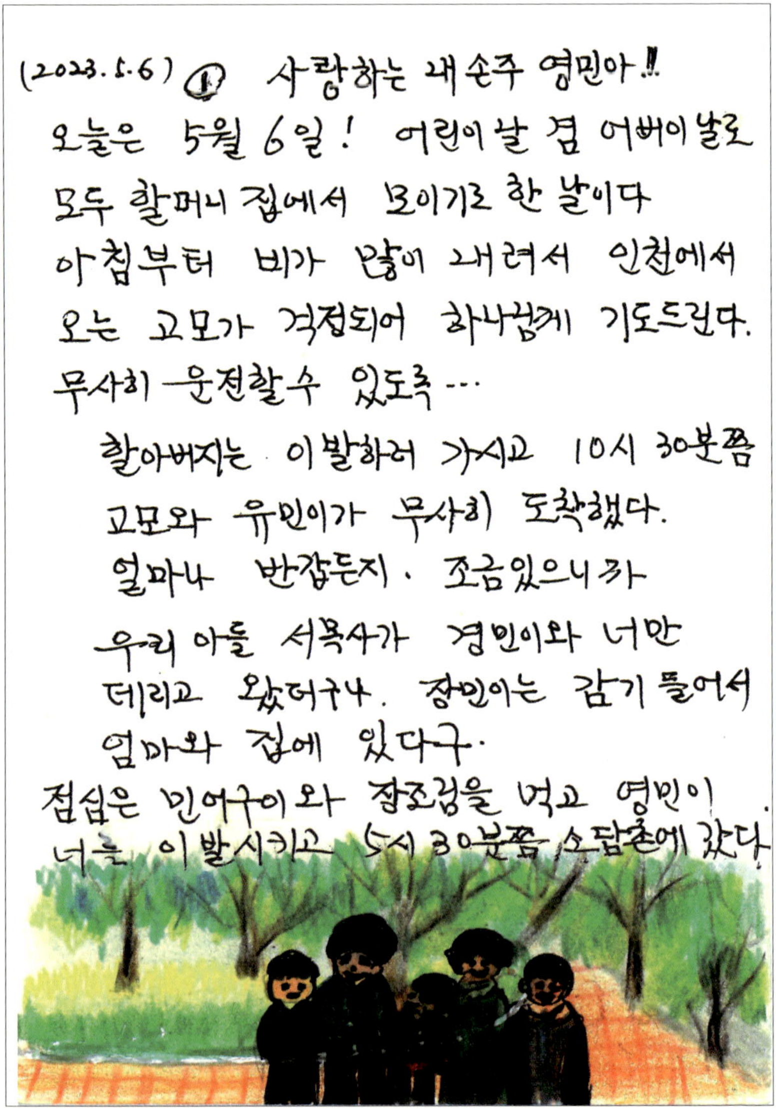

(2023.5.6) ① 사랑하는 내손주 영민아!!
오늘은 5월 6일! 어린이날 겸 어버이날로
모두 할머니 집에서 모이기로 한 날이다
아침부터 비가 많이 내려서 인천에서
오는 고모가 걱정되어 하나님께 기도드린다.
무사히 운전할수 있도록…
할아버지는 이발하러 가시고 10시 30분쯤
고모와 유민이가 무사히 도착했다.
얼마나 반갑든지. 조금있으니까
우리 아들 서목사가 경민이와 너만
데리고 왔더구나. 장민이는 감기 들어서
엄마와 집에 있다구.
점심은 민어구이와 장조림을 먹고 영민이
너를 이발시키고 5시 30분쯤 소답촌에 갔다.

125

식당에서

2023.5.6 (토) 사랑하는 영민아!!!

식당에 갔더니 기다리는 사람들이 아주 많았지? 한참을 기다리다 보니 6시 넘어서 겨우 우리가 들어갈 수 있는 번호가 되었다. 그런데 같은 테이블이 아니고 따로 따로 먹게 되었지?

그래도 맛있게 저녁을 먹은 후 카페에서 할머니가 손주들에게 쓴 편지를 읽게하여 장민이까지 다 읽은 후 최목사가 마무리 기도를 하고 헤어졌는데 얼마나 감사하고 기쁜지 이런게 행복이라 생각한다. 오늘은 정말 좋은 날이다.

126

아파트의 꽃

2023. 5. 13. 사랑하는 영민아!!!

너희들은 감기 좀 괜찮아졌니?
할머니는 어제까지 많이 아팠는데
오늘은 괜찮아 졌다. 아마 하나님께서 내일
사역하라고 낫게 해준것 같다

그래서 탄천 걷기 위해 아파트 단지를
지나는데 분홍색 풀꽃들이 즐비하게
피어 있었다. 너무나 예뻐서
사진 찍었는데 이꽃은 예전에 함평 나비
축제 할때 많이 봤던 꽃이라 더욱 정스러워
한참 꽃을 쳐다 보았다.

그 예쁜 꽃을 그려서 너에게 보낸다
우리 손주들 빨리 감기 낫게 해 주세요. 기도하면서.

127

사랑부의 교사주일

2023.5.14. 사랑하는 영민아!!!.

오늘은 교사주일이다.
만인의 스승인 하나님을 잘 섬기며
영적인 스승인 목사님과 말씀 전해주시는
모든 교사. 부교역자께도 잘 섬기라고 설교하셨다.
우리 사랑부 선생님들이 스승의 날 노래도
불러 주시고 예쁜 꽃바구니랑 선물도 주셨다.
어찌나 감사한지 ----!
어제까지 독감으로 아팠는데 오늘은
정말 건강한 모습으로 사역할 수
있어서 감사드린다. 우리 사랑부
지체들과 선생님들이 있기에 사랑부가
있고 사랑부 사역자인 할머니가 있음을 감사한다.

128

오이 장아찌

2023.5.18. 사랑하는 영민아 !!!
해마다 이맘때 쯤이면 할머니는
오이지 오이를 사서 담근다
그래서 오늘은 할아버지와 함께 마트에
가서 오이 100개를 사서 깨끗이 씻어
물기를 닦아 물없이 오이지를 담는다.
큰 비닐 두개를 겹쳐 놓고 그속에
차곡차곡 오이를 담아 소금. 설탕.
식초. 소주를 알맞게 넣고 꽉 묶어서
하루에 한번씩 위치를 바꿔 주면 된다
이게 물없이 담는 오이 장아찌 비법이다.
일주일 정도 그렇게 한 다음 누렇게 익으면
냉장고에 넣어 1년동안 먹어도 변함없이 맛있다.

129

다섯 손자들2

2023. 5.20.토. 사랑하는 영민아!!!.

오늘은 너희 다섯명이 모이는 토요일이다.
어제부터 할머니가 LA 갈비 재어놓고
열무김치 담그고. 묵은지 등갈비 그리고
시래기 된장국을 끓이고. 어리굴젓. 낙지젓을
준비했는데 너희들이 아주아주 잘 먹어서
내가 고마웠다. 몸은 힘들어도
내 손주들 먹일 생각에 준비하여 잘 먹는
모습 보니 너무 기뻤다

특별히 내가 사랑하는 영민이 네가
낙지 젓갈을 잘 먹어서 다시 주문했다.
낙지젓 도착하면 그때 보내줄게..

130

다섯 손자들3

2023. 5. 22. 월요일. 사랑하는 영민아 !!!.

지난 토요일 너희들이 놀이터에서
노는 모습을 찍었던걸 고모가
보내주셔서 그림으로 그려 보낸다.
그날 얼마나 재미있게 놀던지...
할머니도 장민이와 함께 그네타기
시합도 했잖아.
우리 장민이가 몸이 뚱뚱해도
아주 그네를 잘 타더구나
6시 넘어서 고모네는 인천으로 가시고
너희들은 엄마 올때가지 우리집에
있었지.

131

경민이의 폼

2023.5.25. 사랑하는 영민아!!!

제주도 여행 아주 재밌게 보내더구나.
엄마가 너희들 여행하는 모습을
사진으로 보내줘서 잘 보고 있다.
제주 날씨가 아주 좋고 너희들이
가는 곳마다 폼 잡고 찍은 모습이
재미있었다.
경민이 형의 일몰 모습을 보며 취한
폼은 정말 명품이었다. 사랑하는 우리
손주들 기억에 남는 여행되길 기도한다.

132

보트 타는 모습

사랑하는 영민아!!!

여행이란 인생에서 얼마나 행복하고 신나는 일인지 모른다. 날마다의 일상에서 벗어나 또 다른 삶의 의미를 찾게되는 맘 설레는 아주아주 기분좋은 일이지...

짐싸고 준비할때부터 얼마나 흥분되지 모른다. 근데 우리 영민이는 활짝 웃는 모습이 별로 없어서 맘이 좋지 않았다.

참! 보트타는 모습이 너무나도 멋져서 너에게 그려 보낸다.

133

설악산 암벽

2023.5.26.금. 사랑하는 영민아!!!

이모 할머니가 설악산 암벽타며 찍은
사진을 보내와서 그려 보낸다
울산바위 지나 온통 암반위에 세워진
암벽들의 행렬이 하나님의 오묘한 작품들이
진열되 있는 모습이다.
울산바위 정상위에 흰구름의 춤사위는
아름다운 한폭의 그림이구나
사진으로만 봐도 이렇게 멋진데 바위를
타오르며 느끼는 이모 할머니는 얼마나 좋을까!!!

134

뮤지컬 루쓰

2023.5.27. 사랑하는 영민아!!!

뮤지컬 Ruth(루쓰)를 봤다. 성경 룻기를 주제 삼아 뮤지컬로 만들었는데 12세 때 부모에게 버림받고 남편마저 잃은 룻은 자신에게 유일하게 사랑을 베푼 시어머니 나오미를 따라 베들레헴으로 간 룻의 일생이다.

룻은 보아스라는 유력한 친족을 만나 결혼하여 오벳이란 아들을 낳고 행복한 일생을 살게 된다. 오벳은 이새를 낳고 이새는 다윗왕을 낳게 되는 해피엔딩의 뮤지컬. 아는 이야기지만 더욱 실감나고 재미있었다.

135

외출

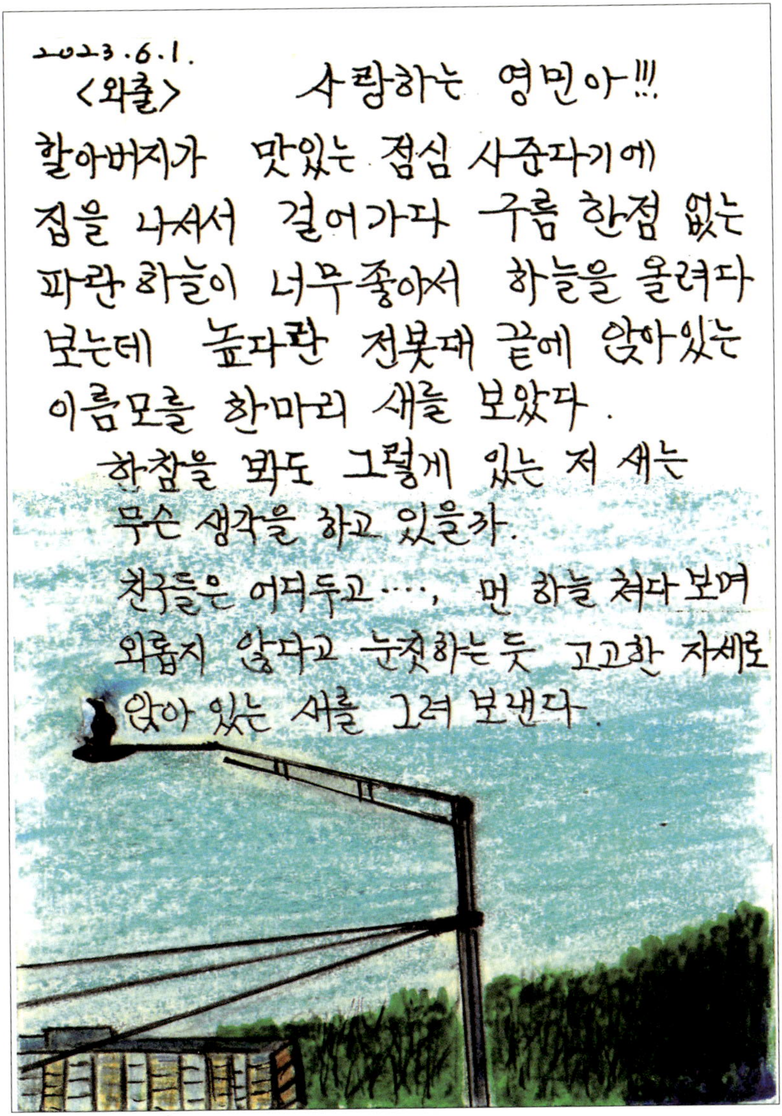
2023.6.1.
<외출> 사랑하는 영민아!!!
할아버지가 맛있는 점심 사준다기에
집을 나서서 걸어가다 구름 한점 없는
파란 하늘이 너무 좋아서 하늘을 올려다
보는데 높다란 전봇대 끝에 앉아있는
이름모를 한마리 새를 보았다.
한참을 봐도 그렇게 있는 저 새는
무슨 생각을 하고 있을까.
친구들은 어디두고…, 먼 하늘 쳐다보며
외롭지 않다고 눈짓하는 듯 고고한 자세로
앉아 있는 새를 그려 보낸다.

136

태국에서 보낸 어버이날 선물

2023.6.2. 사랑하는 영민아!!!

태국에서 선교하는 할머니의 영적인
아들 황진호 선교사가 망고스틴 두상자를
보내왔다.

~ 매일 건강하시기를 기원합니다.
태국 아들 황진호 ~

이렇게 써서.... 어버이날 바빠서 이제
보냈다는구나. 그 선물 앞에 두고 기도하니
여러 생각이 스쳐 지나간다. 나는 그 아들을
위해 얼마나 기도하고 사랑했는지....
새벽마다 기도는 했지만 더 잘해주지
못한 생각이 들어 죄송한 마음뿐이다.

137

장로회 부부수련회

2023. 6. 6.　　사랑하는 영민아!!!

어제부터 오늘까지 장로회 부부 수련회 참석했다. 첫사랑이 왜 빨리 식어가는가? 그건 사모하는 간절함이 없어졌기 때문이란다

점심 먹고 조선시대 왕릉을 보러 갔다 화성에 있는 융릉과 건릉.

융릉은 영조대왕 둘째 아들 장조와 그의 비 경의왕후의 묘이고, 건릉은 정조와 그의 왕비 효의왕후를 함께 묻힌 곳이란다. 릉으로 가는 길이 소나무 숲과 참나무 숲이 하늘을 찌를 듯 맞닿아 있더구나

138

심혈관계 중환자실

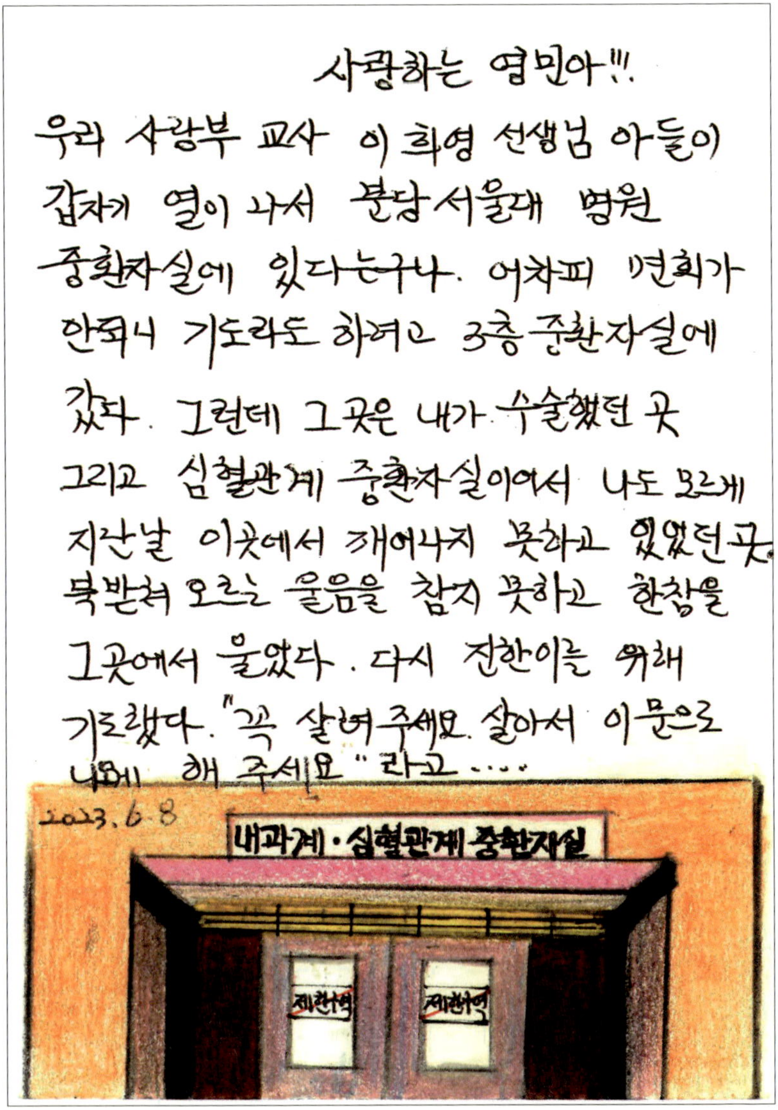

사랑하는 열민아!!!

우리 사랑부 교사 이희영 선생님 아들이 갑자기 열이 나서 분당 서울대 병원 중환자실에 있다는구나. 어차피 면회가 안되니 기도라도 하려고 3층 중환자실에 갔다. 그런데 그곳은 내가 수술했던 곳 그리고 심혈관계 중환자실이어서 나도 모르게 지난날 이곳에서 깨어나지 못하고 있었던 곳. 북받쳐 오르는 울음을 참지 못하고 한참을 그곳에서 울었다. 다시 진한이를 위해 기도했다. "꼭 살려 주세요. 살아서 이 문으로 나오게 해 주세요" 라고....

2023. 6. 8

139 매실 엑기스 담근 날

(매실엑기스 담는날) 사랑하는 영민아 !!!

아름다운 꽃으로 뽐내던 그시절 뒤로하고
바람과 햇빛과 비를 맞으며
토실토실 여물어 바삐 살아온 세월.
어느덧 그 사명 다 해 초록색 집에서
모두 따 내어져 헤어짐의 아쉬움 뒤로하고
이제는 우리집까지 오게 된 청매실.
동글동글 예쁜 얼굴 내밀며 쳐다보는 모습.
분주하게 살아온 지난날이 생각난다.
그래도 희생하고 봉사하는 이 길이 얼마나
아름다운 일이었던가. 매실엑기스를 담으며
너에게 글을 보낸다. 2023.6.8

6월의 탄천

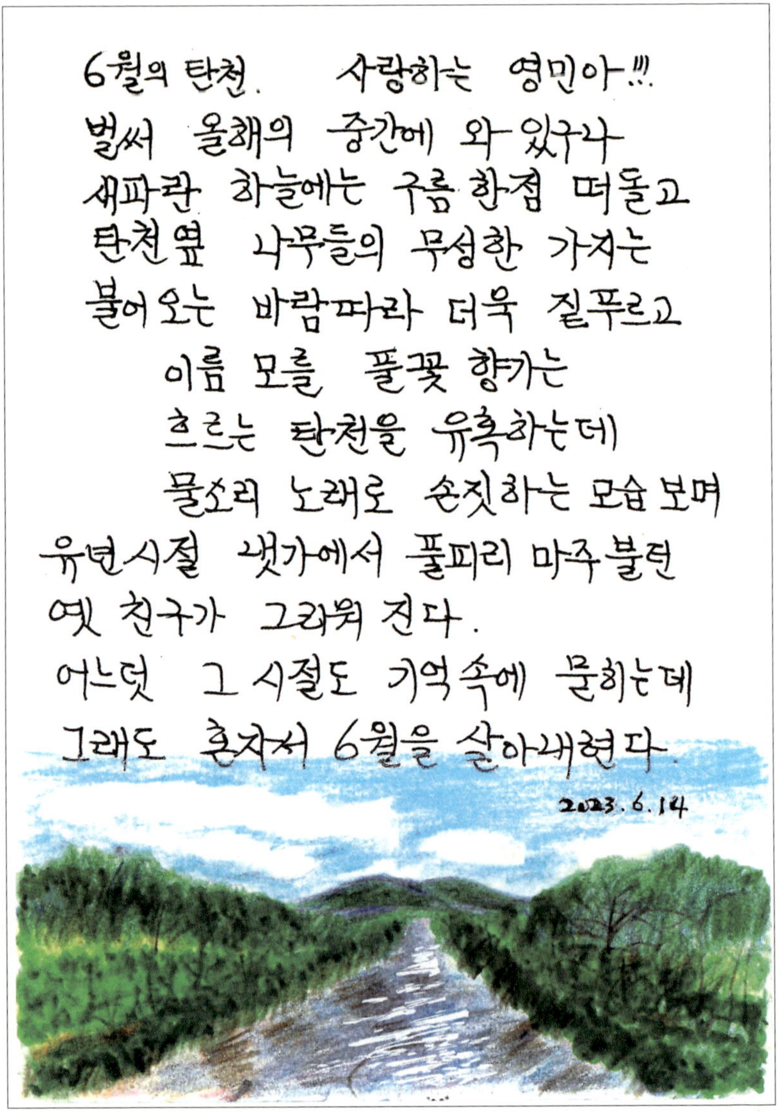

6월의 탄천. 사랑하는 영민아!!!
벌써 올해의 중간에 와 있구나
새파란 하늘에는 구름 한점 떠돌고
탄천옆 나무들의 무성한 가지는
불어오는 바람따라 더욱 짙푸르고
이름 모를, 풀꽃 향기는
흐르는 탄천을 유혹하는데
물소리 노래로 손짓하는 모습 보며
유년시절 냇가에서 풀피리 마주불던
옛 친구가 그리워 진다.
어느덧 그 시절도 기억속에 묻히는데
그래도 혼자서 6월을 살아내련다.
2023. 6. 14

141

뇌사 판정

(뇌사판정) 사랑하는 영민아!!! 2023. 6. 16

우리 장애인 사랑부 선생님 아들이
뇌사판정을 받고 장기기증을 위해
기다리는 중이란 말을 들었다
나이 스물셋, 갑자기 고열로 입원한 아들,
내게 기도요청 했었는데, 어떻게 이런일이…
정말 믿기지 않는 일도 세상에는 있더라.
도저히 집에 있을수가 없어서
무작정 발길따라 걸었다.
하염없이 걷고 걷는 이길이 어쩌면
이렇게도 슬프게 느껴지는지…
짙은 6월의 숲길이 터널을 이루고, 가슴으로
우는 나에게 그늘로 위로해 준다.

142

봉동 심방 가는 날

'23.6.23. 사랑하는 영민아!!!
한달전부터 약속했던 손옥영 권사님댁
심방가는 날이다. 전라북도 완주군 봉동인데
2시간 30분 정도 가는 거리다.
교구 목사님. 전도사님과 함께 간만에
지방을 내려가면서 멀리 보이는
산과 들. 나즈막한 시골 지붕이 정겹게
느껴져 보고 또 보았다.
광주와 전주를 16년이나 다녔던 지난날
영화처럼 스쳐 지나간다.
권사님댁에서 예배 드리고 맛있는
점심도 먹고 선물로 주신 양파를 싣고
다시 분당으로 달린다.

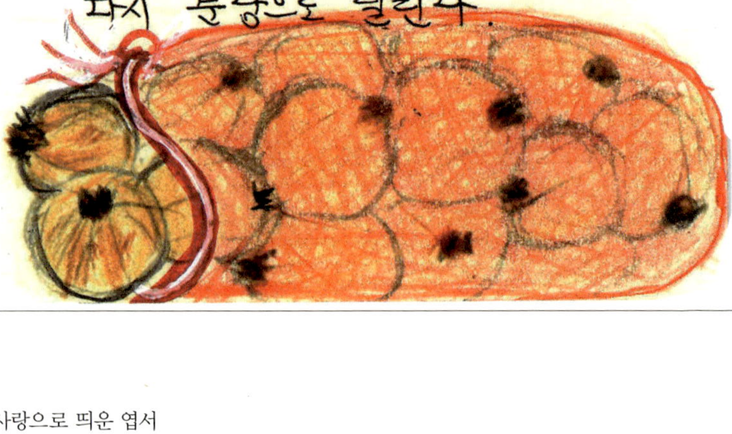

143

능소화

'23.6.29. 사랑하는 영민아!!!
금식하고 건강검진을 하는데 사람들이
너무 많아서 점심때쯤 겨우 끝났다.
배가 고파서 집으로 오는길에
능소화가 어찌나 예쁘게 피어
내 발걸음을 멈추게 하더구나
세워 둔 철망을 타고 올라가
맘껏 피워 뽐내는 그 모습을
너에게 보낸다.
능소화 꽃말은 '여자'라고 하는데
수줍은 여자처럼 그래도 당당하게
곱게 곱게 피어 있더구나.

144

빗소리

빗소리. 사랑하는 영민아!!!

오늘은 하루종일 비가 세차게 내린다
열린 창문으로 끝없이 들리는
이 빗소리는 그리운 엄마를 두고
하늘나라로 먼저간 아이들의
엄마 찾는 울부짖음일까
하루종일 들어도 슬프게만 들리는
이 빗줄기는 유리창을 타고 주르르
흐르는 슬픈 눈물되어 할머니
마음을 아프게 한다 2023.6.28.

145

꽃다발

2023.7.2. 사랑하는 영민아!!.

벌써 7월 첫주일이다.

주일은 할머니가 달려다니는 날이다

너무나도 바빠서…

그렇게 달리는데 전도사님! 부르는 소리에

돌아보니 우리 오미영 집사님이 예쁜 겹

백합꽃을 한아름 주셨다. 얼마나

아름답고 향이 좋은지….

우리 사랑부 형제가 구토를 했는데도

그 꽃향기에 묻혀 버리더구나

언제 봐도 꽃은 아름답다.

146

반찬

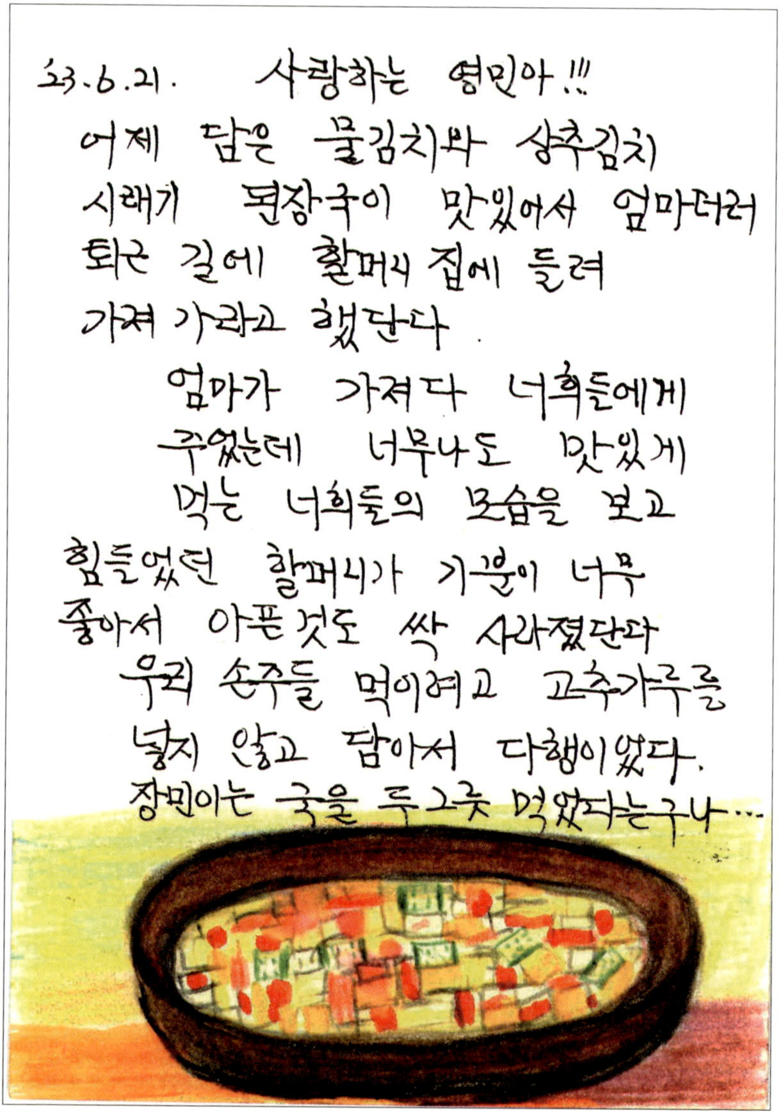

23.6.21. 사랑하는 영민아!!!
어제 담은 물김치와 상추김치
시래기 된장국이 맛있어서 엄마더러
퇴근 길에 할머니 집에 들려
가져 가라고 했단다.
엄마가 가져다 너희들에게
주었는데 너무나도 맛있게
먹는 너희들의 모습을 보고
힘들었던 할머니가 기분이 너무
좋아서 아픈것도 싹 사라졌단다
우리 손주들 먹이려고 고추가루를
넣지 않고 담아서 다행이었다.
장민이는 국을 두그릇 먹었다는구나…

147

영민이 옷

'23.7.1.토. 사랑하는 영민아!!!
오늘은 너희들이 안오는줄 알고 늦잠 잤는데
너희들이 할머니 집에 온다기에 할아버지와
얼른 밥하고 묵은 김치찜하고 이것저것
준비하고 나니 너희들이 도착하여 다행이었다
그런데 영민이 네 머리가 길었더구나
그래서 엄마와 함께 남성 컷트에서
이발하고 아울렛 가서 선풍기를 산후
우리 영민이 여름옷을 샀지?
참 예쁘고 멋있었다. 네 가을옷도
샀잖아? 근데 그 옷은 경민이 형이
좋아하는 스타일이라 형이 입을것 같은데
괜찮지?

교역자 정책수련회

오늘부터 목요일까지 제주에서 교역자
정책 수련회가 있어서 아빠도 할머니도
참석해야 하는데 아침에 비와 많이와서
아빠가 할머니 집으로 오셨단다. 나를
태워 교회까지 아빠와 같이 가는데
하나님께 감사기도가 절로 나오더구나

아들 목사와 함께 수련회를 갈 수
있어서 얼마나 감사하든지… 김포에서
제주 가는 이스타 비행기를 탔다.

2023. 1. 10. 월요일.

149

제주 바닷가의 현무암

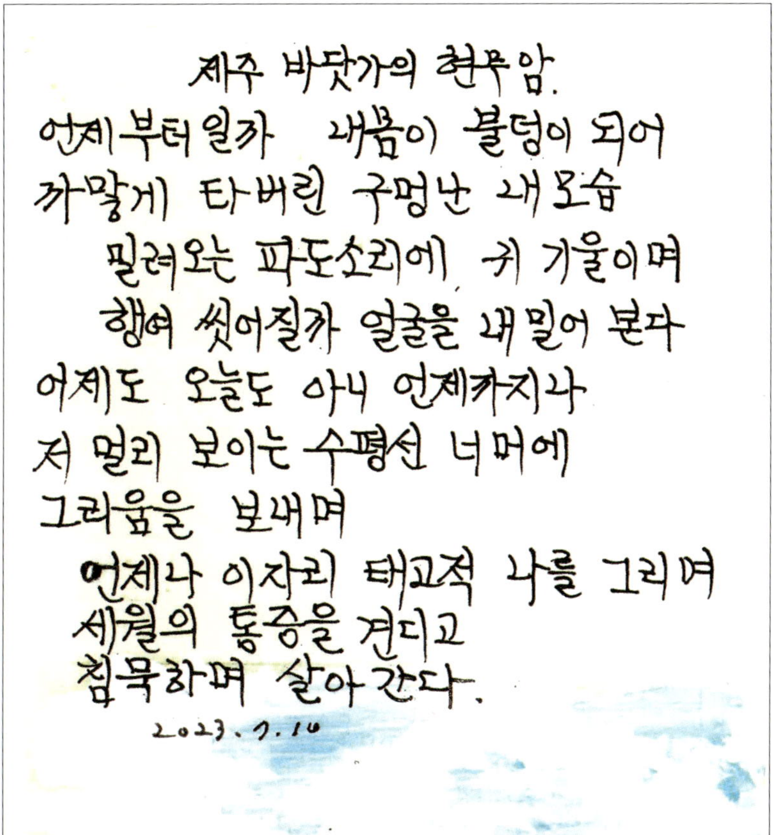

아름다운 제주

2023. 전반기 새에덴교회 교역자 정책 수련회

일시. 2023년 7월 10일(월) ~13일(목). 제주오리엔탈호텔

'23. 7. 10. 월.   사랑하는 영민아!!!

언제 와도 아름다운 제주에 도착하여
마침 점심시간이라 흑돼지 구이 집으로
가서 점심을 정말 맛있게 먹었다.
그리고 다시 이동하여 서커스를
봤는데 공연하는 모습을 보고
서글프고 놀래기도 했다
인간이 기계처럼 저럴수도 있구나 해서.
저녁 식사후 제주 오리엔탈 호텔에
짐을 풀고 수련회를 시작하여 9시30분까지
목사님 말씀과 전반기 사역에 대한
이야기를 하고 룸메이트 전미숙 전도사님과
호텔에 와서 여러 이야기를 한후 잠이 들었다.

151

성산포 앞바다

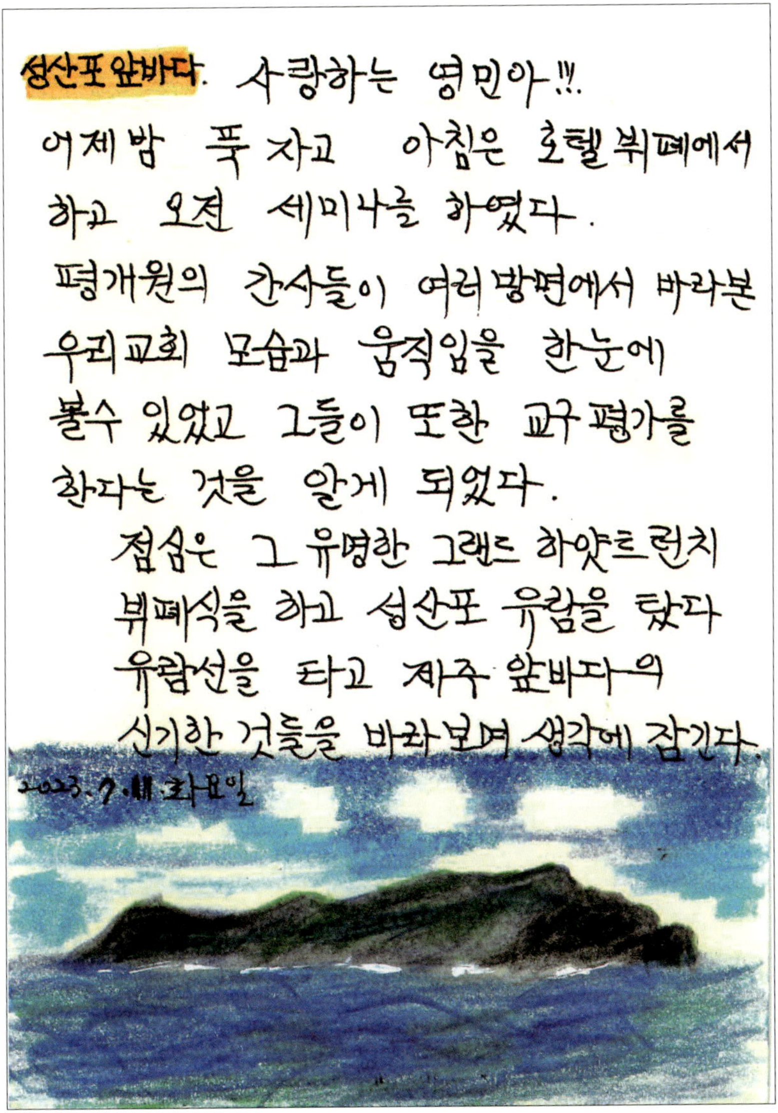
성산포 앞바다. 사랑하는 영민아!!!
어제밤 푹 자고 아침은 호텔 뷔페에서
하고 오전 세미나를 하였다.
평개원의 간사들이 여러 방면에서 바라본
우리교회 모습과 움직임을 한눈에
볼수 있었고 그들이 또한 교구 평가를
한다는 것을 알게 되었다.
점심은 그 유명한 그랜드 하얏트 런치
뷔페식을 하고 성산포 유람을 탔다
유람선을 타고 제주 앞바다의
신기한 것들을 바라보며 생각에 잠긴다.
2023. 7. 11. 화요일

세잔 프로방스의 빛

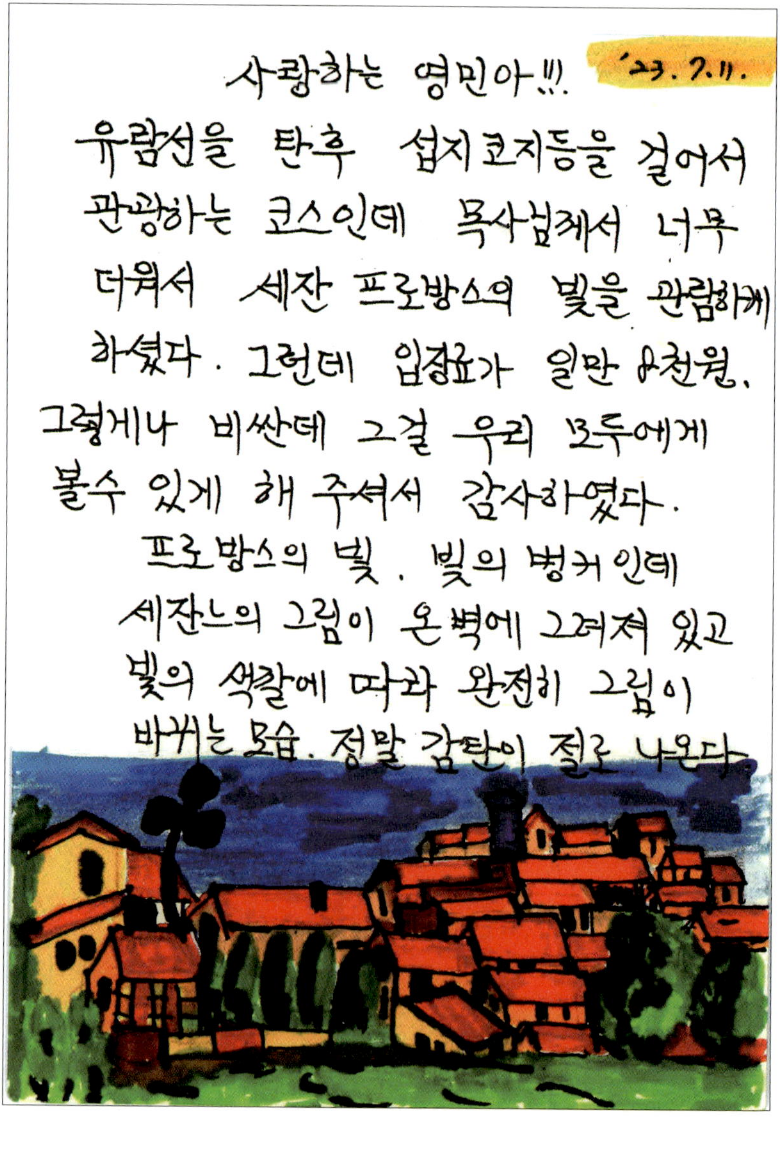

'23. 7. 11.

사랑하는 영민아!!!

유람선을 탄후 섭지코지등을 걸어서 관광하는 코스인데 목사님께서 너무 더워서 세잔 프로방스의 빛을 관람하게 하셨다. 그런데 입장료가 일만 8천원. 그렇게나 비싼데 그걸 우리 모두에게 볼수 있게 해 주셔서 감사하였다.

프로방스의 빛. 빛의 벙커인데 세잔느의 그림이 온 벽에 그려져 있고 빛의 색깔에 따라 완전히 그림이 바뀌는 모습. 정말 감탄이 절로 나온다.

153

남성 모임의 활성화

사랑하는 영민아!!! 21.7.9

교구 남성 모임의 활성화에 대한 사례 발표를 우리교회에서 젤 잘 했다고 평가 받은 4교구 서성동 목사여서 아빠가 발표를 하셨다.

여자 집사는 잘 나오는데 남편이 안나오는 경우를 파악하여 점심시간. 퇴근후. 주말등을 이용하여 남편들을 만나서 이야기하고., 들어 주고, 공감해 줬더니 회복이 되어 교회 나오게 된 사례. 영상 자료도 없이 자기가 했던 그대로 아주 간결하고 깔끔하게 발표를 잘 하셨다.

남성 & 안수집사 세움

부목사님 남성도심방 메뉴얼화

교구남성 성도 모임활성화

남성도 심방관리 케어: 사례발표

4교구: 서 성동목사. 유은영 전도사

154

장애인 사랑부 사역 발표

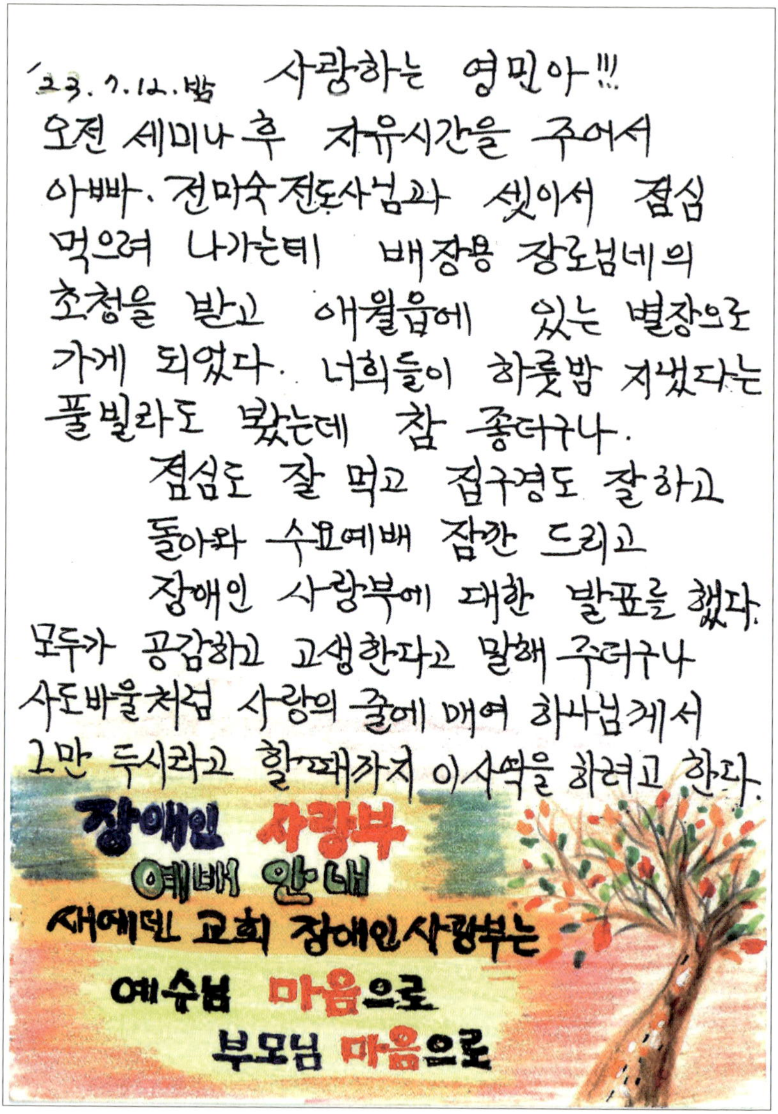

'23. 7. 12. 밤 사랑하는 영민아!!!
오전 세미나 후 자유시간을 주어서
아빠, 전미숙 전도사님과 셋이서 점심
먹으려 나가는데 배장용 장로님네의
초청을 받고 애월읍에 있는 별장으로
가게 되었다. 너희들이 하룻밤 지냈다는
풀빌라도 봤는데 참 좋더구나.
점심도 잘 먹고 집구경도 잘하고
돌아와 수요예배 잠깐 드리고
장애인 사랑부에 대한 발표를 했다.
모두가 공감하고 고생한다고 말해 주더구나
사도바울처럼 사랑의 줄에 매여 하나님께서
그만 두시라고 할 때까지 이 사역을 하려고 한다.

155

오메기 떡

2023. 7. 13 사랑하는 영민아!!!

이제 수련회 마지막 날이다.
룸메이트인 전마숙 전도사님이 그동안
할머니를 잘 섬겨 주어서 고마웠다.
세미나 후 점심은 너무나도 맛있는
회정식을 먹고 공항으로 이동하여
3시 10분 비행기를 타게 되었다.
특별히 이재훈 목사님의 오메기떡 선물을
받아 고마웠다. 근데 제주도에선 찜통더위.
육지는 폭우…. 작은 나라에서도 알수없는 기상.
날씨마저 주관하시는 주님 앞에 아무것도
할수 없는 자임을 다시 깨닫는다.

156

폭우

'23.7.15.토 사랑하는 영민아!!!
제주에 있는 동안 육지에는 폭우로
많은 피해가 있었더구나.
탄천이 범람했다는 말을 듣고 궁금해서
오랫만에 나가 봤더니 계단마다 모두
노란 줄로 막아 놨더라. 내려 가지
못하고 서성거리다 그래도 노란 줄 아래로
기어서 내려가 봤더니 물이 엄청
많이 빠르게 흐르더구나. 아주 넓은
강이 되버린 탄천. 세게 흐르는 물살을
보고 있으니 어지럽더라. 비는 다시 내리고 ....

157

복막염 수술

23. 7. 20. 금 사랑하는 영민아!!!
유민이가 며칠동안 열이 내리지 않아
다시 병원 갔는데 맹장이 터진것 같다고
큰 병원 가라고 해서 인천 길병원 응급실로
들어가 결국 맹장이 터져서 밤 11시에
복막염 수술을 했다
이제 회복실에서 병실로 왔다는데
그 어린 것이 얼마나 힘들었을까..
도저히 집에 있을 수가 없어서 이모할머니
와 길병원으로 병문안 갔다.
유민이가 아직도 열이 있고 걷지도
못해서 얼굴만 보고 기도해 주고 왔다
살아 있는 것이 모두가 기적이다. 기적...

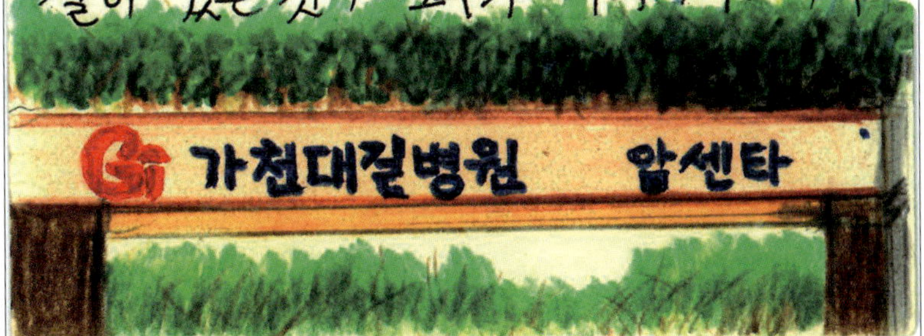

한일 친선 회복예배

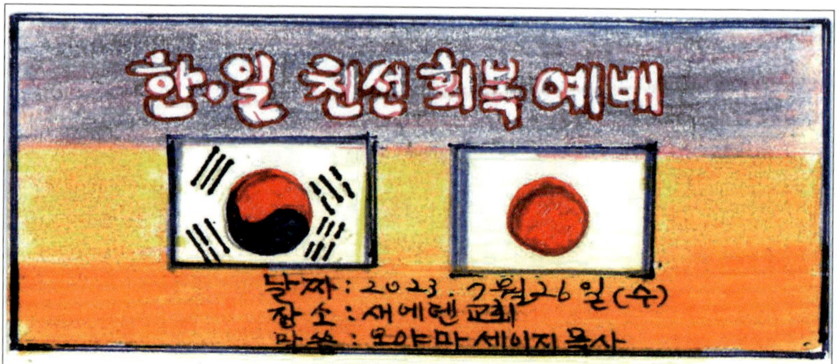

2023. 7. 26. 수.

사랑하는 영민아 !!!

수요 오전 예배에 한.일 친선 회복예배로 드렸다. '이젠 됐다' 할 때까지 사죄 하겠다던 일본의 故 오야마 레이지 목사의 아들 목사가 우리 교회 와서 말씀을 전했다.

'여러분은 하나님의 최고의 걸작품입니다' 라고 설교하신후 용서.사죄.화해를 이루시려 하시는 하나님께서 두나라를 화해 시키는데 우리를 사용하실거란 말씀을 하시고 일본의 잘못을 사죄하는 의미로 절을 하더구나.

159

전교인 여름수련회 안내

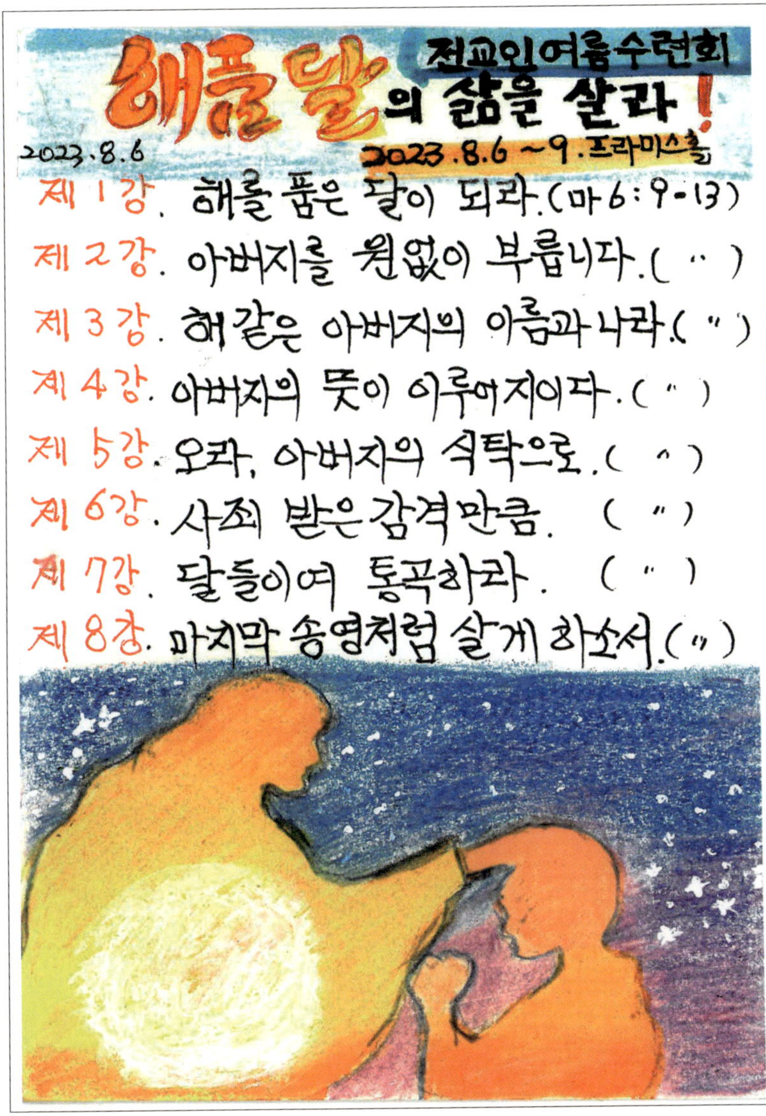

160

해를 품은 달이 되라

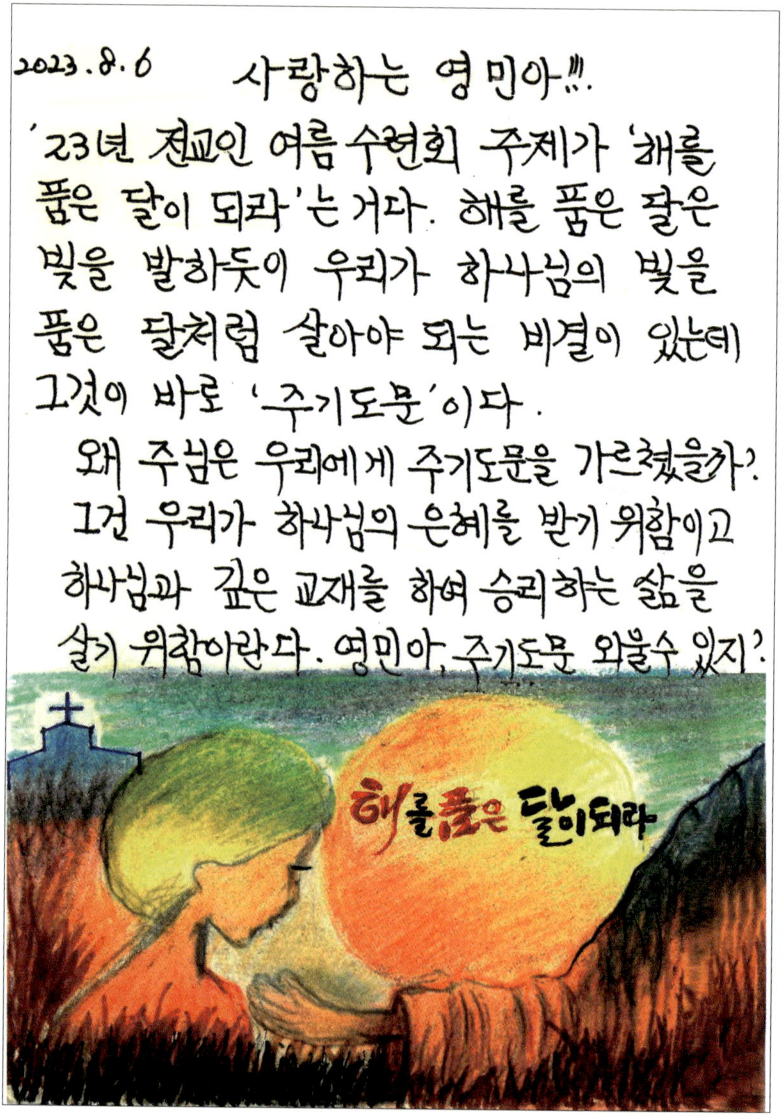

2023.8.6 사랑하는 영민아!!!

'23년 전교인 여름 수련회 주제가 '해를 품은 달이 되라'는 거다. 해를 품은 달은 빛을 발하듯이 우리가 하나님의 빛을 품은 달처럼 살아야 되는 비결이 있는데 그것이 바로 '주기도문'이다.

왜 주님은 우리에게 주기도문을 가르쳤을까? 그건 우리가 하나님의 은혜를 받기 위함이고 하나님과 깊은 교재를 하여 승리하는 삶을 살기 위함이란다. 영민아, 주기도문 외울수 있지?

161

아버지를 원없이 부릅니다

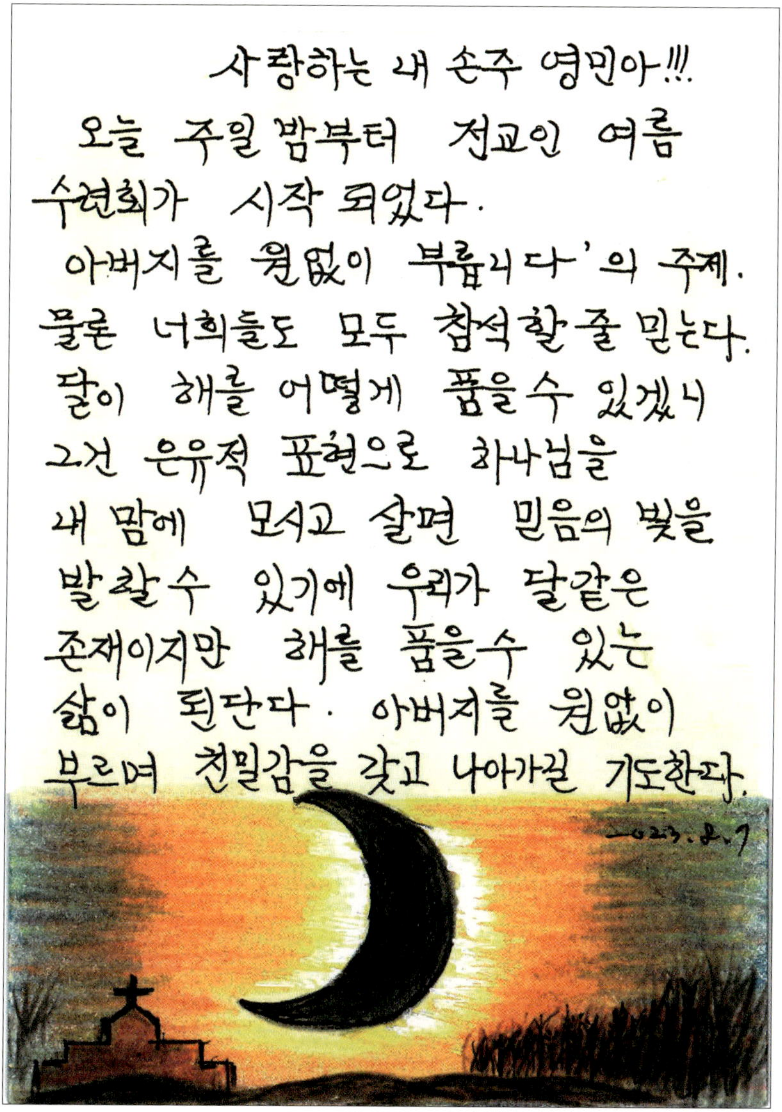
사랑하는 내 손주 영민아!!!

오늘 주일 밤부터 전교인 여름
수련회가 시작 되었다.
아버지를 원없이 부릅니다'의 주제.
물론 너희들도 모두 참석할 줄 믿는다.
달이 해를 어떻게 품을수 있겠니
그건 은유적 표현으로 하나님을
내 맘에 모시고 살면 믿음의 빛을
발할수 있기에 우리가 달같은
존재이지만 해를 품을수 있는
삶이 된단다. 아버지를 원없이
부르며 친밀감을 갖고 나아가길 기도한다.

2023. 8. 7

마지막 송영처럼 살기를 원한다

사랑하는 영민아!!!

오늘 수련회가 끝나는 밤이다
말씀의 주제처럼 '마지막 송영처럼
살기를 원한다' 이 세상 모든 나라가
하나님의 것이기에 그 권세와 영광이
아버지께 있기 때문이다.
유엔에 가입한 나라가 193개국인데
이 모든 나라의 통치자는 결국
하나님 아버지란 뜻이다. 그래서
먹든지 마시든지 무엇을 하든지 다
하나님의 영광을 위하여 하라는 말씀이다.

할머니가 다섯 손자에게 바라는 기도와 축복

1. 이 세상에서 처음으로 나를 '할머니'라고 불러줬던 우리 유인이!

너무도 잘생기고 핸섬한 너에게 영재요 수재의 머리를 주신 하나님께 감사한다. 네 이름 'you in', 너희가 내 안에 거하고 내 말이 너희 안에 거하면 무엇이든지 원하는 대로 구하라 그리하면 이루리라(요 15:7). 네 이름대로 많은 사람들을 하나님께로 인도하는 사무엘 선지자 같은 뛰어난 지도자가 되길 기도한다.

2. 사랑하는 내 손주 경민아!

행동이 민첩하고 예리한 판단력과 지혜를 너에게 주신 하나님께 감사드린다. 특별히 운동 신경이 발달하여 모든 운동을 최고로 잘하는 경민아! 그 탁월한 능력으로 겸손과 온유함을 겸비하여 백성을 말씀으로 다스리는 다윗 같은 하나님의 마음에 합한 자, 지도자가 되기를 기도한다.

3. 사랑하는 내 손주 영민아!

할아버지 서광수 장로님이 믿는 하나님, 아버지 서성동 목사님이 믿는 하나님을 너도 힘껏 섬겨 사독 가문 같은 믿음의 명문가문을 이루길 기도한다.

사도 요한처럼 사람을 섬기고 배려심과 온유함으로 누가 같은 의사가 되어 사람들을 치유해 주는 그런 사람이 되기를 소망한다.

4. 사랑하는 내 손주 유민아!

다섯 손자 중 유일하게 할머니의 육체적 아픔을 그대로 경험한 우리 유민이! 영적으로 육적으로 힘든 사람들에게 너의 특별한 재능을 잘 사용하여 기쁨과 희망과 웃음을 안겨주는 능력의 하나님의 사람이 되기를 기도한다.

5. 사랑하는 내 손주 장민아!

막내이면서도 늘 넉넉하고 포근하여 사람들의 마음을 기쁘게 하는 타고난 귀염둥이 우리 장민이. 너의 뛰어난 재치와 유머 그리고 지혜로움과 넉넉함으로 하나님을 기쁘게 하는 너는 글로벌 리더가 되며 예수님의 마음을 본받을 백성의 우두머리가 되기를 기도한다.

6학년이 된 영민이

아들 가족(경민, 영민, 장민)과 함께

가족 사진

딸 가족(유인, 유민)과 함께

추석 연휴를 딸 가족, 아들 가족과 함께

2025년 추석에 다섯 손자들과 축구를 하고서

다섯 손자들과 카페 앞에서

할머니의 손주 사랑 이야기

사랑으로 띄운 엽서

1판 1쇄 인쇄 _ 2026년 1월 20일
1판 1쇄 발행 _ 2026년 1월 26일

지은이 _ 전정숙
펴낸이 _ 이형규
펴낸곳 _ 쿰란출판사

주소 _ 서울특별시 종로구 이화장길 6
편집부 _ 745-1007, 745-1301~2, 747-1212, 743-1300
영업부 _ 747-1004, FAX 745-8490
본사평생전화번호 _ 0502-756-1004
홈페이지 _ http://www.qumran.co.kr
E-mail _ qrbooks@daum.net / qrbooks@gmail.com
한글인터넷주소 _ 쿰란, 쿰란출판사
페이스북 _ www.facebook.com/qumranpeople
인스타그램 _ www.instagram.com/qrbooks
등록 _ 제1-670호(1988.2.27)
책임교열 _ 최은샘

 ISBN 979-11-24013-50-2 03230

책값은 뒤표지에 있습니다.